1614년 동계 정온의 신구 과정에서 북인의 분파 과정 볼 수 있는 문헌
소장 가지고 상경했다가 바치지 못하고 도로 귀향하는 과정 묘사
상소문 짓고 채택하는 과정 등을 상세히 기록

오재 이유열 서행일기

梧齋 李惟說 西行日記

李惟說 원저·申海鎭 역주

보고사
BOGOSA

머리말

이 책은 1614년 경상도 의령(宜寧)에서 그 지역 사림들이 정온(鄭蘊)을 신구(伸救)하기 위하여 연명으로 지은 소장(疏狀)을 올리려고 경성(京城)까지 갔다가 상소문을 올리지 못한 채 되돌아온 여정을 오재(梧齋) 이유열(李惟說, 1569~1626)이 기록한 〈서행일기(西行日記)〉를 번역하였다.

정온(鄭蘊, 1569~1641)의 본관은 초계(草溪), 자는 휘원(輝遠), 호는 동계(桐溪)·고고자(鼓鼓子)이다. 그는 1610년 별시 문과에 급제하고 벼슬살이를 시작해 1613년 장악원 첨정(掌樂院僉正)이었을 때 계축옥사(癸丑獄事)가 일어나 8살밖에 되지 않은 영창대군(永昌大君)이 역모죄로 죽게 되자, 영창대군을 죽음에 이르도록 했던 이이첨(李爾瞻) 등과 절교까지 하면서 다방면으로 비판적 시각을 드러내었다. 그러던 중에 1614년 2월 10일 영창대군이 죽임을 당하자 2월 20일 동계는 영창대군을 살해한 강화 부사(江華府使) 정항(鄭沆)을 참수하고 영창대군의 위호(位號)를 추복(追復)하기를 주청하는 봉사(封事)를 올렸고 3월 3일 의금부에 수감되었으니, 그 상소가 바로 이른바 〈갑인봉사(甲寅封事)〉이다. 이 봉사 또한 번역하여 참고 자료로 첨부했다.

이 글에서 동계는 죽은 영창대군 이의(李㼁)를 중국 남송(南宋)의 종실(宗室) 조횡(趙竑, ?~1225)에 빗대었으니, 조횡은 영종(寧宗) 때의 종실로서 황자(皇子)였으나 재상 사미원(史彌遠)에 의해 폐위되어 제왕(濟王)이 되고 호주(湖州)로 쫓겨나 독살당한 인물인데, 영창대군을 조횡과 견주며 신분과 심적(心迹)이 현격히 다른 데다 역적의 공초 밖에 없어서 역모 사건이 되기 어려울 뿐만 아니라 진덕수(眞德秀) 같은 신하가 현신하더라도 영창대군을 죽이자는 의견에 동조하지 않았을 것이라면서 영창대군의 위호를 회복시켜 선왕인 선조(宣祖)의 영령을 위로하고 백성의 의심을 해소하도록 요구한 것이었다.

이처럼 동계는 정치적으로 민감한 사안을 송나라 제왕 조횡에 비유하여 언급하며 "정항(鄭沆)을 처벌하지 않으면 선왕의 묘정에 들어갈 면목이 없을 것"이라는 강경한 어투까지 구사하였으니, 결국 광해군의 분노를 사서 임금을 무시하고 역적을 비호하였다는 죄목으로 1614년 8월에 제주도 대정현(大靜縣)에 위리안치되고 말았다. 그 뒤로 동계는 인조반정 때까지 10년 동안 유배지에서 생활해야 했다.

이러한 때에 1614년 5월 경상우도 사림들이 연명으로 소장(疏狀)을 지었으니, 바로 〈의신구사직정온소(擬伸救司直鄭蘊疏)〉이다. 이 의소(擬疏: 상소하지 못한 소장) 또한 번역하여 부록으로 첨부하였다.

이 상소문은 원전의 협주에 따르면 오장(吳長)이 짓고 이대기(李大期)가 윤색한 것이라 했으나, 일기의 내용에 의하면 이각(李瑴)·이회일(李會一)·오장이 지은 것 중에서 이회일의 소초(疏草)를 교본으로 삼아 작성된 것이다. 이 상소문을 짓기로 한 일을 이웃 고을에 알리는 통문(通文)은 오건(吳健)의 아들 오장(吳長)이 지었고, 회합 장소는 의령(宜寧)으로 정하였다. 의령에서 따로 택소처(擇疏處)를 정하고, 소장과 관계된 일을 주관하는 소장 유사(疏狀有司) 우희길(禹熙吉)과 성람(成攬), 소두(疏頭)로는 이유열을 정한 뒤, 택소원(擇疏員: 상소문을 선택하는 사람)과 재소원(裁疏員: 상소문을 작성하는 사람) 또한 정하고, 사소(寫疏: 상소 필사)로는 생원 한몽인(韓夢寅)과 제명(題名: 글의 제목)으로는 노척(盧脊)을 정하여 이루어진 것이다.

이 상소문을 바치려는 당시에 초계(草溪) 출신 함양 군수(咸陽郡守) 이대기(李大期)와 합천(陜川) 출신 김천 찰방(金泉察訪) 문경호(文景虎)가 앞장서서 지원하였다. 이때 삼가(三嘉)에서는 박건갑(朴乾甲)·박규(朴規) 부자, 이회일·이봉일(李奉一) 형제, 이간(李衎), 박창룡(朴昌龍), 권극행(權克行), 김응규(金應奎), 성여신(成汝信), 이덕립(李德立), 윤현(尹晛), 조계장(曺繼章), 박광업(朴光業)이, 의령(宜寧)에서는 권준(權濬), 이각(李觳)이, 함양(咸陽)에서는 노일(盧佾)·노척(盧脊) 형제가, 함안(咸安)에서는 하경개(河景漑)가, 진주(晉州)에서는 정시남(鄭是南)이, 안음(安陰)에서는 오덕홍(吳德泓), 성효규(成效奎)가, 고령(高靈)에서는 이시함(李時馠), 최몽룡(崔夢龍), 이문룡(李文龍)이, 성산(星山)에서는 이명룡(李命龍)이, 상주(尙州)에서는 김지복(金知復), 이전(李琠), 진탁(陳琢), 조희인(曺希仁), 정숙(鄭俶), 황정간(黃廷幹)이, 함창(咸昌)에서는 조극신(趙克新)·조우신(趙

又新) 형제가, 영주(榮州)에서는 장붕한(張翢翰) 등이 동참하였다. 그러나 합천군 각사(覺舍) 마을에서 살고 있던 좌의정 내암(萊庵) 정인홍(鄭仁弘)을 의식하여 합천의 유림들은 나서지 않았다.

소두 이유열이 배소원(陪疏員)들과 함께 1614년 5월 16일 상소문을 가지고 길을 떠나 6월 5일 한강변에 도착했지만, 병조 참지(兵曹參知) 윤선(尹銑), 장령(掌令) 배대유(裵大維), 한림(翰林) 오여온(吳汝穩) 등 경상우도 벼슬아치들과 형효갑(邢孝甲), 정창시(鄭昌詩: 정온의 아들) 등의 만류로 소장을 올리지 못한 채 6월 14일 귀향길에 나서야 했다.

〈서행일기〉는 이유열이 1614년 5월 10일부터 6월 28일까지의 여정을 기록한 것이다. 곧 단성, 삼가, 의령 향교, 삼가 향교, 합천, 고령 향교, 성산 향교, 김산 향교, 상주 청리역, 함창, 문경 마포원, 문경 화곡원, 충주 안보역, 충주 수교촌, 양평 도원촌, 여주 벽사, 남양주 두미포 등을 거쳐 6월 5일 한강변에 도착했지만, 상소를 올리지 못한 채 6월 14일 귀향길에 나서서 양재역, 판교, 화성 갈천, 오산 청호역, 천안 직덕원, 공주 궁원, 논산 석교, 연산 마구평, 여산, 완주 양정포, 전주, 임실 오수역과 신촌, 남원 인월, 함양 등을 거쳐 6월 28일 단성 원당마을에 도착한 여정이다.

이 일련의 여정에서 당시 경상우도 남명학파 문인들의 〈갑인봉사〉를 어떻게 보느냐에 따라 빚어진 갈등과 대처법 등이 적나라하게 노출되어 있다. 보다 더 올바른 세상에 대해 치열하게 고민하고 올곧은 신념을 타협 없이 생명도 버리려 할 만큼 충절을 실천한 정온을 두고 남명학파 문인들이 서로 갈등을 빚으며 분화되는 과정을 목도할 수 있게 되었음이다. 그 후로 효종(孝宗)은 '학문에 힘쓰고 묻기를 좋아하며[文]' '정직하고 사특함이 없다[簡]'라는 뜻의 '문간(文簡)'이라는 시호를 내렸고, 정조(正祖)는 "남쪽 북쪽을 오고 감에 동일한 의리, 견고한 금석처럼 닳은 적이 없도다.(北去南來同一義, 精金堅石不曾磨.)"라는 시를 지어 칭송했던 사실을 통해 그를 어떠한 입장에서 평가되고 있었는지 알 수 있을 듯하다.

또한 〈서행일기〉를 통해 연명소장(聯名疏狀)의 짓는 경위와 상소하는 과정을 구체적으로 알 수 있게 된다. 택소처(擇疏處)의 따로 마련, 소장과 관련된 모든 일에 대한 책임자 소장 유사(疏狀有司)의 선정, 소두(疏頭)의 선출, 택소원(擇疏員: 상소문을 선택하는 사람)과 재소원(裁疏員: 상소문을 작성하는 사람)의 소초(疏草) 채택, 사소(寫疏: 상소 필사)와 제명(題名: 글의 제목)의 담당자 지명 등과 아울러 배소원(陪疏員)의 충원 과정이 아주 상세하게 묘사되어 있다.

이 〈서행일기〉는 전남대학교 중앙도서관 소장(청구기호: OC 2H1 삼65ㅇ) 《삼오실기(三梧實紀)》에 수록되어 있다. 이유함(李惟諴, 1557~1609)의 〈오월당유고(梧月堂遺稿)〉·이유눌(李惟訥, 1562~1625)의 〈오강부록(梧岡附錄)〉·이유열(李惟說, 1569~1626)의 〈오재유고(梧齋遺稿)〉가 묶여 있고 부록으로 이각(李瑴, 1575~1631)의 〈매헌실기(梅軒實紀)〉가 첨부되어 있는 삼형제의 유고집이다. 이 유고집은 목활자본인데, 1896년에 이택환(李宅煥)이 후서(後敍)를 쓰고 이진수(李鎭洙)가 소지(小識)를 썼다.

〈서행일기〉를 기록한 이는 이유열(李惟說)이다. 그의 본관은 성주(星州), 자는 여뢰(汝賚), 호는 오재(梧齋). 부호군 이의순(李義淳)의 증손자, 사직 이계유(李繼裕)의 손자이다. 아버지는 이조(李晁)이고 어머니는 진양정씨(晉陽鄭氏) 통사랑 정득량(鄭得良)의 딸인데, 그 사이에서 셋째 아들로 태어났다. 1613년 생원시에 합격하였지만 벼슬길에 나아가지 않았다.

한결같이 하는 말이지만 나름대로 최선을 다하고자 했다. 그러함에도 불구하고 여전히 부족할 터이니 대방가의 질정을 청한다. 전남대학교 중앙도서관 소장하고 있는 귀한 자료를 영인할 수 있도록 도움을 준 오정환 선생에게 고마운 마음을 전한다. 끝으로 편집을 맡아서 수고해 주신 보고사 가족들의 노고와 따뜻한 마음에 심심한 고마움을 표한다.

2024년 5월 빛고을 용봉골에서

신해진

차례

머리말 / 3
일러두기 / 11

서행일기西行日記

갑인년(1614) 15

• 5월

10일 … 15	16일 … 35	22일 … 40	28일 … 51
11일 … 20	17일 … 36	23일 … 43	29일 … 53
12일 … 23	18일 … 37	24일 … 44	30일 … 55
13일 … 27	19일 … 37	25일 … 48	
14일 … 28	20일 … 38	26일 … 49	
15일 … 31	21일 … 39	27일 … 50	

• 6월

1일 … 61	8일 … 72	15일 … 94	22일 … 102
2일 … 61	9일 … 76	16일 … 97	23일 … 102
3일 … 64	10일 … 77	17일 … 98	24일 … 103
4일 … 64	11일 … 80	18일 … 98	25일 … 103
5일 … 67	12일 … 87	19일 … 100	26일 … 104
6일 … 68	13일 … 89	20일 … 100	27일 … 104
7일 … 71	14일 … 93	21일 … 101	28일 … 104

[부록] 사직 정온의 무죄 밝혀 구원하는 의소 擬伸救司直鄭蘊疏 … 105
[참고] 갑인봉사 甲寅封事 …… 115

찾아보기 / 131
[영인] 갑인봉사(甲寅封事) / 148
[영인] 의신구사직정온소(擬伸救司直鄭蘊疏) / 156
[영인] 서행일기(西行日記) / 200

일러두기

이 책은 다음과 같은 요령으로 엮었다.

01. 번역은 직역을 원칙으로 하되, 가급적 원전의 뜻을 해치지 않는 범위 내에서 호흡을 간결하게 하고, 더러는 의역을 통해 자연스럽게 풀고자 했다.
02. 원문은 저본을 충실히 옮기는 것을 위주로 하였으나, 활자로 옮길 수 없는 古體字는 今體字로 바꾸었다.
03. 원문표기는 띄어쓰기를 하고 句讀를 달되, 그 구두에는 쉼표, 마침표, 느낌표, 물음표, 작은따옴표, 큰따옴표, 가운뎃점 등을 사용했다.
04. 주석은 원문에 번호를 붙이고 하단에 각주함을 원칙으로 했다. 독자들이 사전을 찾지 않고도 읽을 수 있도록 비교적 상세한 註를 달았다.
05. 주석 작업을 하면서 많은 문헌과 자료들을 참고하였으나 지면관계상 일일이 밝히지 않음을 양해바라며, 관계된 기관과 여러분께 진심으로 감사드린다.
06. 이 책에 사용한 주요 부호는 다음과 같다.

( ) : 同音同義 한자를 표기함.
[ ] : 異音同義, 出典, 교정 등을 표기함.
“ ” : 직접적인 대화를 나타냄.
‘ ’ : 간단한 인용이나 재인용, 또는 강조나 간접화법을 나타냄.
〈 〉 : 편명, 작품명, 누락 부분의 보충 등을 나타냄.
「 」 : 시, 제문, 서간, 관문, 논문명 등을 나타냄.
《 》 : 문집, 작품집 등을 나타냄.
『 』 : 단행본, 논문집 등을 나타냄.
◇ : 초서원고본에는 있으나 석인본에는 없을 때.

서행일기
西行日記

갑인년(1614)

5월 10일。

정온(鄭蘊)의 무죄를 밝혀 구원하려는 상소 때문에 회합하는 일로 의령(宜寧)에 갔다.

이보다 앞서, 대군(大君: 영창대군) 이의(李㼁)는 강화도(江華島)에서 귀양살이하고 있었으나, 신임 부사(新任府使) 정항(鄭沆)이 부임하여 얼마 되지 않아서 갑자기 죽었다. 정항이 사미원(史彌遠)처럼 속임수를 쓴 것으로 의심한 정온이 상소하여 극언한 것을 들은 주상이 대노해서 정온을 옥에 가두도록 하자, 조정과 재야에서 모두 정온을 위하여 그것을 위태롭게 여겼다. 삼가(三嘉)의 사림들이 진주(晉州) 사람들을 맞아 모여서 의논하고 소장(疏狀)으로 아뢰려 했지만, 진주 사람들이 응하는 자가 없었다. 정자(正字) 권도(權濤)가 어머니를 장사지내는 날이 되었을 때, 정언(正言) 오장(吳長)·군수(郡守) 박명부(朴明榑)·생원(生員) 박문영(朴文楧)·생원 강극신(姜克新) 등 모두 회합에 와서 말하기를, “정온이 정항의 일을 진언하다가 죄를 얻게 되었으니, 우리들이 소장을 올려 그의 무죄를 밝히고 구원하지 않을 수 없소. 지금 회합에 찾아 온 자가 육칠십 명이니, 문서를 만들어 여러 고을의 선비들에게 두루 알려 한곳에서 회동

하고 상소하는 것이 옳겠소."라고 하자, 조카 이각(李㱿)이 말하기를, "장례를 치르고 있는데도 이로 인하여 문서를 만들어 알리는 것은 불가한 일이 아니겠습니까? 훗날에 모여 문서를 만들어서 알리는 편이 나을 것입니다."라고 하니, 모두가 말하기를, "정온이 수감된 지 오래되었다. 만약 훗날에 모여서 문서를 만든다 해도, 문서를 만들고는 또 나중에 모이려면 시일이 많이 걸리지 않겠는가?"라고 하였다. 나 또한 마음속으로 그 말을 옳게 여겼으니, 만일 정온을 구하고자 한다면 마땅히 불에서 구해 주고 물에서 건져 주어야 하는 것처럼 해야 하는데 어찌 훗날 모이기를 기대하겠으며, 더군다나 해야 할 일이라면 어찌 장례 때문에 그만둘 수가 있단 말인가라고 생각하였다. 그런 뒤에 의논하여 회합을 알리는 글은 정언 오장(吳長)이 짓기로 정하였고 회합 장소는 의령(宜寧)으로 정하였던 것이다.

나는 이날 여정에 올라서 도전(都田: 島田)에 이르자 큰비가 내려 이은(李垠: 이유열의 당질)의 집에 들어갔더니, 이은 또한 나와 함께 말고삐를 나란히 하고서 가려 했지만 큰비 때문에 가지 못하고 회합 장소에서 다시 만나기로 약속하고서는 법평(法坪)을 지났는데, 법평은 바로 죽은 형의 무덤이 있는 곳이다. 지난날 우애의 정을 생각하니 어찌 내 마음속으로 탄식이 일어나지 않으랴. 삼가(三嘉)의 김성(金晟)의 집에서 묵었는데, 김성은 나에게 표질(表姪: 이종조카)이 된다.

甲寅五月十日。

以伸救[1]鄭蘊[2]疏會事，往宜寧[3]。先是，大君璣[4]，謫在江華[5]，新

---

1 伸救(신구): 죄가 없음을 사실대로 밝혀 사람을 구원함.

2 鄭蘊(정온, 1569~1641): 본관은 草溪, 자는 輝遠, 호는 桐溪·鼓鼓子. 1606년 진사가 되고, 1610년 별시문과에 급제하여 시강원겸설서·사간원 정언을 역임하였다. 임해군옥사에 대해 全恩說을 주장했다. 1614년에 永昌大君의 처형이 부당함을 상소, 가해자인 강화부사 鄭沆의 참수를 주장하다가 제주도 大靜에서 10년간 유배생활을 하였다. 1623년 인조반정으로 석방되어 이조참의·대사간·경상도관찰사·부제학 등을 역임하고, 1627년 정묘호란이 일어나자 행재소로 왕을 호종하였다. 1636년 병자호란 때 이조참판으로서 金尙憲과 함께 斥和를 주장하다가 화의가 이루어지자 사직하고 덕유산에 들어가 은거하다가 5년 만에 죽었다.

3 宜寧(의령): 경상남도 중앙에 있는 고을. 동쪽은 창녕군, 동남쪽은 함안군, 서쪽과 북쪽은 합천군, 서남쪽은 진주시와 접한다.

4 璣(의): 永昌大君 李璣(1606~1614). 宣祖의 적자. 어머니는 仁穆王后이다. 그

府使鄭沆[6], 到任未幾, 輒以死。聞蘊疑沆如史彌遠[7]之用詐, 上疏極言, 上大怒繫蘊于獄, 朝野咸爲蘊危之。三嘉[8]士林, 邀晉人會議, 欲陳疏, 晉人無應者。及權正字濤[9]葬親日, 吳正言長[10]·朴郡

는 선조의 열넷 아들 중 유일한 정비소생으로 왕의 특별한 총애를 받았다. 선조는 임진왜란이 일어나자 權停例(절차를 다 밟지 아니하고 거행하는 의식)로 恭嬪金氏 소생 光海君을 세자로 책봉하였다. 그러나 그뒤 정비의 소생인 永昌大君이 태어나자 선조는 세자 改封의 생각을 가지게 되었는데, 당시 실권을 잡고 있던 柳永慶을 위시한 小北派는 이 뜻에 영합하려 하였으나, 선조의 갑작스런 사망으로 실현되지 못하였다. 왕은 죽으면서 대신들에게 영창대군을 돌봐달라는 遺敎를 내려 뒷일을 부탁하였다. 이 사실로 광해군을 지지하던 李爾瞻 등 대북파의 미움을 받게 되었다. 그러던 중 1613년 소양강을 무대로 詩酒를 즐기던 徐羊甲·朴應犀 등 7명의 서출들이 역모를 꾸몄다 하여 이른바 '七庶의 獄'이 일어났는데, 이이첨 등은 이 역모사건에 그들이 영창대군을 옹립하고 영창의 외조부 金悌男도 관계한 것으로 진술을 유도하였다. 그 결과로 영창대군은 서인으로 강등되어 강화도에 위리안치되었다. 그뒤 조야에서는 끊임없는 구원의 상소 등이 연이었고, 형제의 의를 따지는 全恩說과 여덟 살밖에 안된 幼子라는 이유로 그를 비호하였으나, 대북파의 계속된 요구로 그 이듬해 봄에 이이첨 등의 명을 받은 강화부사 鄭沆에 의하여 烝殺되었다.

5 江華(강화): 江華島. 인천광역시 강화군의 本島.

6 鄭沆(정항, 1569~?): 본관은 東萊, 자는 汝淑. 증조부는 예문관 대교 정전, 조부는 좌찬성 정대년, 아버지는 안성군수 鄭敦復, 어머니는 민효선의 딸 여흥민씨이다. 부인은 曺得立의 딸 창녕조씨이다. 후사를 두지 못해 조카 정양좌를 계자로 들여 가계를 이었다. 1591년 무과에 급제하여 관직생활을 시작하였고, 황해 병사를 지냈다. 《광해군일기》 1614년 3월 26일 6번째 기사, 1616년 8월 19일 11번째 기사, 1618년 9월 26일 6번째 기사가 참고된다.

7 史彌遠(사미원): 송나라 寧宗이 아들이 없어서 1221년 皇姪 濟王 趙竑을 皇子로 삼았으나, 1224년 영종의 병이 위독하자 詔令을 가탁하여 영종의 아우 沂王의 후사인 趙昀을 황자로 삼았으며, 영종이 죽자 楊皇后의 명을 받아 그를 황제 理宗으로 세우고는, 양 황후를 皇太后의 신분으로 聽政하게 하는 한편 자신은 獨相으로 정사를 독점하였던 인물.

8 三嘉(삼가): 경상남도 합천군 삼가면 지역.

9 權正字濤(권정자도): 權濤(1575~1644). 본관은 安東, 자는 靜甫, 호는 東溪. 아버지는 司圃署別坐 權世春으로 1592년 임진왜란 때 창녕의 火旺山城을 수비

守明榑[11]·朴生員文楧[12]·姜生員克新[13]等, 皆來會曰: "鄭蘊言事得罪, 吾儕不可不陳疏伸救。今者會客六七十人, 因此出文, 遍告于列邑士子, 會一處陳疏可乎." 從子慤[14]曰: "因人葬而出文, 無乃不可乎? 莫若後會出文之爲愈也." 皆曰: "蘊逮獄[15]久矣。若後會而

하였고 1593년에 졸하였으며, 어머니는 金湛의 딸 商山金氏로 1614년 1월 25일 세상을 떠났다. 鄭逑·張顯光의 문인이다. 1624년 李适의 난 때 翰林으로 왕을 공주까지 호종한 공으로 原從勳이 되어 성균관전적에 제수되었다. 1628년 柳孝立의 옥사를 다스린 공으로 寧社原從功臣 1등에 책록되었다. 1631년 원종의 追崇을 극력 반대한 일 때문에 남해로 유배되었다.

10 吳正言長(오정언장): 吳長(?~1616). 본관은 咸陽, 자는 翼承, 호는 思湖. 아버지는 典翰 吳健이다. 1610년 식년문과에 급제하였다. 관직은 正言을 거쳐, 경성판관을 지냈으며, 1613년 永昌大君의 옥사와 폐모론을 둘러싸고 대북세력과 각축을 벌이다가 삭직당한 뒤 고향인 영남으로 퇴거하였다. 1614년 영창대군의 처형을 공격하던 鄭蘊이 제주로 유배당하자, 영남의 유생들을 이끌고 반대상소를 하였다. 이로 인해 鄭仁弘의 미움을 사, 兎山으로 유배당하였으며 그곳에서 죽었다.

11 朴郡守明榑(박군수명부): 朴明榑(1571~1639). 본관은 密陽, 자는 汝昇, 호는 知足堂. 鄭逑의 문인이다. 1590년 증광시에 급제, 교서관 부정자가 되었다. 합천군수로 나갔는데, 당시 합천에 鄭仁弘이 있었으나 그의 집에는 출입하지 않았다. 1614년 李爾瞻·정인홍 등이 광해군을 종용해 영창대군을 살해하고 仁穆大妃도 유폐시키자, 그는 직언으로 항소하다가 관직을 삭탈 당하고 축출되었다.

12 朴生員文楧(박생원문영): 朴文楧(1570~1623). 본관은 潘南, 자는 君秀, 호는 龍湖. 아버니는 사옹원직장 朴荇이다. 鄭逑의 문인이다. 1606년 생원시에 합격하였다.

13 姜生員克新(강생원극신): 姜克新(생몰년 미상). 본관은 晉州, 자는 敬甫. 姜壽海의 손자, 姜平의 아들이다. 長水李氏 李三老의 사위이다. 崔永慶의 문인이다.

14 慤(각): 李慤(1575~1631). 본관은 星州, 자는 遵晦, 호는 梅軒·松堂. 단성현 사월리 출생이다. 아버지는 李惟諴이다. 이유함은 이유열의 맏형이다. 雪壑 李大期의 둘째 사위이다. 사위는 朴東衡·姜大遂이다. 1605년 사마시에 합격하였다. 인조반정 후에 宣陵參奉을 지냈다.

15 逮獄(체옥): 수감함. 투옥함.

出文, 出文而又後會, 日月不其多乎?" 余亦心然之, 以爲如欲救蘊, 當如救焚拯溺[16], 何待後會? 況事之可爲者, 烏可因人葬而廢乎? 然後議定其通文則吳正言所製, 而會處則定于宜寧。余於是日登途, 至都田[17]大雨, 入李垠[18]家, 垠亦欲與余連轡[19], 以大雨未果, 約以更面于會所, 行過法坪[20], 法坪乃亡兄墳所也。思昔友愛之情, 寧無余懷之興喟乎? 宿三嘉金晟[21]家, 晟於我爲表姪矣。

5월 11일。

아침에 박규(朴規)가 찾아와서 말하기를, "합천(陜川) 사람들이 회합 장소에 통문(通文)을 보냈는데, 뜻은 상소를 멈추려는 것이네."라고 하였다. 나는 깜짝 놀라서 한참 동안 있다가 말하기를,

---

16 救焚拯溺(구분증닉): 송나라 神宗이 죽고 哲宗이 어린 나이로 즉위하자 太皇太后가 政事에 임하였는데, 이때 司馬光이 재상이 되어 신종 때에 실시한 王安石의 新法을 폐지하고 옛 법을 회복하려 하면서 "선제의 법 중에서 좋은 것은 백세 뒤에라도 고치면 안 되겠지만, 왕안석이나 呂惠卿이 만들어서 천하에 피해를 끼치는 것과 같은 것은 불과 물 속에서 사람들을 구해 내는 것처럼 속히 고쳐야만 한다. 더군다나 태황태후가 모친의 입장에서 아들의 법을 고치는 것이지, 아들이 부친의 법을 고치는 것이 아님에랴.(先帝之法, 其善者雖百世不可變也, 若安石惠卿所建, 爲天下害者, 改之當如救焚拯溺. 況太皇太后以母改子, 非子改父.)"라고 한데서 나오는 말.

17 都田(도전): 경상남도 산청군 생비량면에 있는 마을. 양천강 건너 넓은 들이 펼쳐진 마을로, 냇물을 건너야 했기 때문에 섬으로 여겨 島田이라 하기도 한다.

18 李垠(이은, 생몰년 미상): 본관은 星州, 자는 而遠. 아버지는 李惟謙이다. 이유겸은 이유열의 맏백부인 李旻의 장남이다. 곧 이유열의 당질이다.

19 連轡(연비): 말을 타고 함께 감.

20 法坪(법평): 경상남도 산청군 생비량면 가계리에 있는 가락바위 자연마을.

21 金晟(김성, 생몰년 미상): 趙夢吉의 넷째 사위인 李得男인데, 그 이득남의 넷째 사위이다.

“이것은 누가 그렇게 하도록 했단 말인가? 나는 어제 이은(李垠)을 통해 그 소식을 어렴풋이 듣고는 이곳에 도착해서 더불어 상의하려고 생각했었네. 그리고 진사(進士) 이회일(李會一) 및 상사(上舍) 박건갑(朴乾甲)은 이미 의령(宜寧)으로 떠났네.”라고 하였다.

나는 식사를 빨리 하고 갔더니 50여 명이 이미 향교(鄕校: 의령향교)에 모여 있었다. 바로 성안에 집을 빌려 쉬었는데, 생원(生員) 권극행(權克行)과 수재(秀才) 김응규(金應奎)는 동향 사람들로 모임을 하는 중에 보러 왔고, 함양(咸陽)의 노일(盧佾)·노척(盧脊) 형제를 비롯한 대여섯 명과 삼가(三嘉)의 박상사(朴上舍: 박건갑)·이진사(李進士: 이회일)가 계속해서 왔다.

사중(士中, 협주: 권극행의 字)이 말하기를, “약간의 친구들이 필시 장덕경(張德卿: 한몽인의 장인 張益祺)의 집에다 주인을 잡아 놓고 있을 것이니, 그대도 함께 말고삐를 나란히 하고 가서 찾아보는 것이 좋겠네.”라고 하였다. 그리하여 장덕경의 집에 같이 가니, 진사 하협(河悏)·생원 한몽인(韓夢寅)·강극신(姜克新) 등 10여 명이 과연 그곳에 있었다.

술이 세 순배 돌았을 때, 내가 박상사(朴上舍: 박건갑)와 하진사(河進士: 하협)에게 말하기를, “합천의 통문이 이미 본교(本校: 삼가향교)에 도착했다는데, 상소하는 일은 어떻게 해야 하겠는가? 여러분들은 그 시작과 결말을 생각하지 않을 수 없네.”라고 하자, 박상사가 말하기를, “여뢰(汝賚: 李惟說의 字)는 참으로 순수하다고 이를 만하네.”라고 하였다. 얼마 뒤에 날이 어두워져서 파하였다.

十一日。

朝朴規[22]來見曰: "陜人通文于會所, 意在停疏也." 余愕然久之曰: "是誰使之? 余於昨日, 因李垠微聞其奇, 意欲到此, 與之相議, 而李進士會一[23]及朴上舍乾甲[24], 已作宜寧之行矣." 余促食而行, 則五十餘員, 已會鄕校矣。乃於城內僦屋而息, 權生員克行[25]·金秀才應奎[26], 同鄕人也, 自會中來見, 而咸陽[27]盧佾[28]·盧脊[29]兄弟五六人, 三嘉朴上舍·李進士繼至矣。士中【克行字】曰: "若干諸益, 必主於張德卿[30]家, 君可偕轡往訪." 於是, 同至德卿家, 則

---

22 朴規(박규, 1577~?): 본관은 密陽, 자는 叔度. 朴士敎의 손자, 朴乾甲(1558~1638)의 장남이다. 1617년 생원시에 합격하였다.

23 李進士會一(이진사회일): 李會一(1582~1618). 본관은 碧珍, 자는 極爾·極甫. 李屹의 장남이다. 1610년 진사시에 합격하였다.

24 朴上舍乾甲(박상사건갑): 朴乾甲(1558~1638). 본관은 밀양, 자는 應成, 호는 愚拙齋. 1605년 생원시에 합격하였다. 朴愉의 손자, 朴士敎의 장남이다.

25 權生員克行(권생원극행): 權克行(1572~?). 본관은 安東, 자는 士中, 호는 池亭·龜潭. 權深의 장남이다. 1612년 생원시에 합격하였다.

26 金秀才應奎(김수재응규): 金應奎(1581~1648). 본관은 商山, 자는 子章, 호는 養存齋. 金浚의 손자, 金景訥·金景訒·金景謹 삼형제 중 김경인의 장남이다. 源堂 權濟의 사위이다.

27 咸陽(함양): 경상남도 서북단에 있는 고을. 남동쪽은 산청군, 북동쪽은 거창군, 북서쪽은 전북 장수군, 남쪽은 하동군, 남서쪽은 전북 남원시와 접한다.

28 盧佾(노일, 생몰년 미상): 본관은 豐川. 《豊川盧氏世稿》 권7 〈睡隱遺事〉 祭文의 지은 이로 노일을 소개하며 盧士儼의 아들로 밝혀 놓았으나, 현재 풍천노씨 문효공파세보에는 등재되어 있지 않다. 또한 《咸陽鄕案》에도 현감 노사엄을 본관은 豐川, 자는 汝敬, 松齋先生(盧叔仝)의 후손이라고만 밝혀놓아, 참봉 盧士儼를 본관은 풍천, 자는 德夫, 松齋先生의 증손 敬庵公(盧禧)의 아들이라고 밝힌 것과 차이가 있다.

29 盧脊(노척, 1575~1643): 본관은 豐川, 자는 任重, 호는 省脊·生白菴. 盧禛(1518~1578)의 손자, 盧士訢의 장남이다. 정온의 손아래 동서이다.

河進士悏[31]·韓生員夢寅[32]·姜克新等十餘人, 果在此矣。酒三行, 余謂朴上舍·河進士, 曰: "陜川[33]通文, 已到本校云, 疏事何以爲之? 惟僉君不可不念其終始." 朴上舍曰: "汝賚[34]可謂醇乎醇者矣." 俄而, 日昏而罷。

5월 12일。

아침에 노복(奴僕) 국생(菊生)이 인사하고 돌아가는데, 내가 이르기를, "많은 선비들이 이미 모였으니, 돌아가서 너의 주인에게 말하여 빨리 채찍질해 오라고 하여라." 하였다. 아마도 조카 이각

---

30 德卿(덕경): 張益祺(1569~?)의 字. 본관은 昌寧. 鄭逑의 문인이다. 한몽인의 장인이다. 참봉을 지냈다.

31 河進士悏(하진사협): 河悏(1583~1625). 본관은 晉陽, 異名은 河忕, 자는 子幾, 호는 丹池. 河魏寶(1526~1591)의 둘째 부인은 姜佑의 딸 晉州姜氏인데, 그 사이에서 태어난 둘째 아들로, 9자가 된다. 1606년 진사시에 합격하였다. 하위보는 鄭仁弘(1535~1623)의 사돈인 河晋寶(1530~1585)의 형이다.

32 韓生員夢寅(한생원몽인): 韓夢寅(1589~1662). 본관은 淸州, 개명 夢參, 자는 子變, 호는 釣隱. 韓誡의 아들이다. 1612년 三嘉에서 열린 문과 초시에 합격하고 1613년 생원시에 합격하였다. 金時敏 장군의 전공비문을 쓰기도 하였다.

33 陜川(합천): 경상남도 북서부에 있는 고을. 동쪽은 창녕군, 서쪽은 거창군, 남쪽은 의령군·산청군, 북쪽은 경상북도 고령군·성주군과 접한다.

34 汝賚(여뢰): 李惟說(1569~1626)의 字. 본관은 星州, 호는 梧齋. 李晁의 아들이다. 1613년 생원시에 합격하였다. 성주이씨 족보에는 그의 어머니가 晉陽鄭氏 通仕郎 鄭得良의 딸, 목사 鄭德麟의 손녀로 기록되어 있으나, 晉州(晉陽)鄭氏 족보에서는 관련 사항을 찾을 수가 없었다. 이 일기에 鄭是南이 빈번하게 등장하는데, 아마도 이유열의 외가와 관련된 인물인 듯하다. 또한 묘지명 등의 기록을 근거하여 진주(진양)강씨 족보에서 관련 인물을 살폈지만, 장인은 1530년대, 처조부는 1500년대이어야 하는데 생몰년이 서로 부합하지 않았다. 참고로 이유열의 아버지는 1530~1580년이고, 어머니는 1531~1580년이다.

(李瑴)이 김성(金晟)의 집에 왔지만, 또한 합천(陜川)의 통문(通文)으로 말미암아 왔다가 소회(疏會)의 개최 여부를 먼저 살피러 했기 때문에 그의 노복을 보내왔을 것이다.

아침밥을 먹은 뒤 내가 소회의 장소에 들어가니, 여러 사람들이 객사(客舍) 앞에서 자리의 양쪽에 나뉘어 있었다. 진사 우희길(禹熙吉)과 진사 성람(成欖)이 소장(疏狀)을 짓는 유사(有司)로 정해졌으나, 소두(疏頭)는 이때 아직 정해지지 않았다.

여러 사람들이 뜻을 진사 이명호(李明忞) 및 나에게 두었는데, 어떤 사람은 소두가 될 만한 자의 이름을 써서 자리의 여러 사람들로부터 둥근 점을 받도록 하되 둥근 점이 많은 자를 소두로 삼자고 하였으며, 또 어떤 사람은 모두의 의논이 이미 정해졌거늘 무슨 필요가 있어서 둥근 점을 받는단 말인가라고 하였다.

생원 성여신(成汝信)이 말하기를, "양초(養初, 협주: 이명호의 字)가 좋겠네."라고 하였지만, 양초가 사양하였다. 잠시 후 좌중의 제일 연장자가 끝자리에 앉은 한 사람을 불러 좌중에 두루 고하게 하여 말하기를, "단성(丹城) 이 아무개 생원이 소두가 될 만하네."라고 하였는데, 내가 조금 떨어져 있는 자리에서 일어나 말하기를, "재주가 없어서 소두가 되기에는 진실로 감당할 수 없습니다. 또한 홀아비로 이삼 년을 살아서 신변의 행장이 쓸어낸 듯 없으니 결코 하기가 어렵습니다. 둥근 점을 받은 자가 하는 것이 낫겠습니다."라고 두세 번 말했지만, 좌중에서 듣지 않고 다만 소두는 속히 나오라고 할 뿐이었다. 자리에 앉아 있던 이은(李垠)은 나에게 대종가(大宗家)의 조카가 되는데 나의 견디기 힘든 간난신고(艱難辛苦) 형편을 두루 말했지만, 좌중 또한 묵묵부답이었다.

나는 한참 동안 고사하다가 마지 못하여 자리에 나아갔는데, 이은이 다시 나아가 말하기를, "생각건대 숙부님의 가난하고 군색함은 비할 데가 없으니 결코 멀리 가는 것이 어렵습니다."라고 하자, 강극신(姜克新)이 말하기를, "소두는 이미 자리에 나와 있는데, 이원(而遠, 협주: 李垠의 字) 또한 이와 같이 억지를 부리는 것이오?"라고 하였다.

그리하여 향교의 유사(有司)가 합천의 통문을 꺼냈는데, 그 내용은 대략 이러하였으니, "정사직(鄭司直: 鄭蘊)의 일은 대신(大臣)들부터 죄가 없음을 밝혀 구원하고 주상의 뜻이 조금 풀렸는데, 지금 만약 상소로 아뢴다면 혹여 아무 보탬도 없을까 두렵습니다. 이것은 실로 정온을 위한 것이 아니라서 이렇게 뒤로 미루는 것입니다. 삼가 여러분들은 겸허히 받아주기 바랍니다."라고 운운하였다. 여러 사람들이 다 보고 난 뒤에 서로 다른 주장을 하면서 비난하는 자가 있지 않았다.

十二日。

朝奴菊生辭歸, 余謂之曰: "多士已會, 歸語而主, 可促鞭而來." 蓋從子彀, 來于金晟家, 亦以陜通之來, 先審其疏會[35]與否, 故使其奴來。朝飯後, 余入會所, 則諸員於客舍前, 分兩頭座矣。以禹

35 疏會(소회): 여러 사람이 연명으로 상소하기 위하여 모이는 모임.

進士熙吉[36]·成進士欖[37], 爲疏有司, 而疏頭, 則時未定。諸員意在李進士明怘[38]及余, 或以爲書可爲疏頭者名, 受圓點於諸座, 以點多者爲之, 或以爲僉議已定, 何必圖點? 成生員汝信[39]曰: "養初【明怘字】可矣." 養初辭。俄而, 座上招末座者一人, 使遍告于座中, 曰: "丹城李某生員, 可爲疏頭矣." 余離席而起曰: "以不佞[40]爲疏頭, 是固不敢當。又鰥居二三年, 身裝掃如, 決難爲之。莫若受圓點爲之." 言之再三, 座中不應, 但云疏頭速出。就座李垠, 於余爲大宗侄, 歷陳我艱苦不堪之狀, 座中亦不答。余固辭良久, 不獲已就座, 垠復進曰: "惟叔主艱窘無比, 決難遠行." 姜君克新曰: "疏頭已就座, 而而遠【垠字】亦如是强之乎?" 於是, 校有司, 出陜川通文, 其略曰: "鄭司直事, 自大臣伸救, 而上意稍解, 今若陳疏, 則恐或無益, 此實爲鄭非, 爲是退托[41]也。伏願僉尊, 虛以受之." 云云。諸員覽畢, 無有論難之者。

---

36 禹進士熙吉(우진사희길): 禹熙吉(1571~?). 본관은 丹陽, 자는 惠甫, 호는 南齋. 禹致績의 장남이다. 함양의 山斗에 거주하였다. 1612년 진사시에 합격하였다.

37 成進士欖(성진사람): 成欖(1585~?). 본관은 昌寧, 異名은 成攬, 자는 道夫. 成天祚의 삼남이다. 1612년 진사시에 합격하고, 1621년 별시 문과에 급제하였다.

38 李進士明怘(이진사명호): 李明怘(1565~1624). 본관은 廣平, 자는 養初, 호는 梅竹軒. 篁谷 李偁의 아들이다. 鄭逑의 문인이다. 1605년 진사시에 합격하였다.

39 成生員汝信(성생원여신): 成汝信(1546~1632). 본관은 昌寧, 자는 公實, 호는 浮査·野老·桴槎. 경기전 봉사 成斗年의 삼남이다. 밀양박씨 朴士信의 사위이다. 조식의 문인이다. 1609년 생원시와 진사시에 합격하였고 1613년 별시 東堂에 장원급제하였다.

40 不佞(불녕): 재주가 없다는 뜻으로 자신의 겸칭.

41 退托(퇴탁): 꽁무니를 빼면서 핑계 댐.

5월 13일。

택소원(擇疏員: 상소문을 선택하는 사람)과 재소원(裁疏員: 상소문을 작성하는 사람)이 객사(客舍)에 소초(疏草: 상소문 초고) 2건을 들여왔는데, 하나는 내 조카 이각(李縠)이 지은 것이었고, 다른 하나는 이회일(李會一)이 지은 것이었다. 택소원이 소초의 내용에서 취할 것은 취하고 버릴 것은 버리면서 늘리거나 줄였는데, 모두 이회일의 소초를 위주로 하였다.

누군가가 말하기를, "준회(遵晦, 협주: 李縠의 字)는 어이하여 오지 않는가?"라고 하자, 노일(盧佾)이 말하기를, "내가 올 때 얼굴의 생김새를 얼핏 보니 준회의 사내종 같고 준회 같은 자가 토동(兎洞)의 정자에 있었습니다."라고 하였다. 잠시 뒤에 과연 왔다.

바로 성생원(成生員: 성여신)과 함께 택소처(擇疏處: 상소문을 택하는 곳)에 들어가 윤색하는 것을 지켜보았다.

十三日。

擇疏員與裁疏員, 入客舍疏草二件, 而其一乃從子縠所製也其一李會一所製也。擇疏員取舍之增減之, 皆以李會一疏爲主矣。或曰: "遵晦【縠字】, 胡不來?" 盧佾曰: "吾來時見人, 狀貌如遵晦僕從[42]如遵晦者, 在兎洞[43]亭上矣." 須臾果至。乃與成生員, 入擇疏處, 參看潤色之。

---

42 僕從(복종): 종으로 부리는 남자.

43 兎洞(토동): 경상남도 합천군 삼가면 외토리.

5월 14일。

산음(山陰: 산청)에서 몇몇 사람들이 비로소 소초(疏草)를 가지고 왔는데, 바로 오익승(吳翼承, 협주: 吳長의 字)이 지은 것이었다. 성생원(成生員: 성여신)이 그것을 받아서 읽어 보니, 말의 뜻이 분명하여 거침없었고 글을 구사하는 법이 넓어서 한문제(漢文帝)가 회남왕(淮南王)을 처치한 일까지 매우 상세하게 인용하였다. 생원(生員: 성여신)이 칭송하고 감탄해 마지않았다. 내가 말하기를, "소장(疏狀)의 글은 이 소초에서 벗어날 수가 없소."라고 하였지만, 택소원(擇疏員)들이 문장은 칭찬하면서도 내용에 대해서는 꺼리면서 말하기를, "휘원(輝遠: 鄭蘊의 字)이 상소하면서 제왕(濟王) 횡(竑: 趙竑)의 일을 언급한 것도 오히려 불가한데, 게다가 또 회남왕(淮南王)의 일임에랴." 하였다.

서로 옳으니 그르니 하면서 어느 하나를 정하지 못하고 있었다. 나는 마음속으로 이를 매우 그르게 여겼는데, 휘원이 죄를 얻은 것은 제왕 횡의 일을 언급한 데서 나온 것이 아니라 남의 손을 빌렸다[假手]는 말 등에서 나온 것이거늘, 더구나 회남왕의 일을 인용하여 증거를 삼으면 대단히 힘이 생기게 될 것은 분명하나 원앙(袁盎)의 간언일 뿐이니, 만일 휘원의 무죄를 밝혀 구원하고자 한다면 이와 같은 말 등은 없어야 한다고 생각하였다.

잠시 뒤, 권사중(權士中: 권극행)이 상소문 중에서 직접 하나를 택해 꺼내고 말하기를, "산음의 상소는 크게 옳지 않은데도 힘써 주장하는 사람이 준회(遵晦: 이각)뿐이네. 이것은 소두(疏頭)의 한

마디 말로 결단하는 것에 달려있네."라고 하였다. 나는 이각이 꼭 내가 소두를 할 것으로 여긴다는 것을 알았지만, 소장의 글이 만일 격렬하고 위태하다면 어찌 그 화(禍)가 반드시 없으리라는 것을 알았겠는가. 이는 바로 집안 사람으로서의 인정과 도리일 것이다.

내가 직접 택소처(擇疏處)에 들어가 고성으로 말하기를, "여러 군자들이 산음의 소초를 채용하지 않는 것은 내가 알 수 없었고, 이미 나를 소두로 삼기로 하였으니 앞으로의 화복(禍福)을 어느 겨를에 따졌겠소? 상소의 글이 비록 격렬하고 위태한 것이라도 피하지 않을 까닭인데, 더구나 산음의 소초가 격렬하고 위태한 것이 않음에랴. 원앙의 말과 한문제의 처리는 오늘날의 일에 꼭 합당한데도 만약 이런 일조차 해서는 안 된다고 하면 어떻게 해야 상소할 수 있겠소?"라고 하자, 좌중이 모두 묵묵히 있었다. 나는 이미 나왔지만, 모임에 모인 사람 모두는 산음의 소초를 채용할 만하다고 여겼을 따름이다.

택소원들이 성생원(成生員: 성여신)을 맞이해 들어왔는데, 나는 내가 이미 고성으로 말하였으니 택소원이 반드시 성생원과 함께 나의 말에 대해 옳고 그름을 분별하여서 그 소초를 취하거나 버리려는 까닭에 이와 같이 맞아들였으리라 생각하였다. 성생원이 과연 나와서 말하기를, "지금의 상소는 휘원을 구원하면 그만일 따름이지, 그 나머지 시비는 우리들과 전혀 상관없네. 그렇다면 극보(極甫, 협주: 李會一의 字)의 소초를 채용하는 것이 좋겠네."라고 하였는데, 내가 한참 뒤에 말하기를, "여러분의 뜻이 이와 같다면 내

어찌 억지로야 하겠소?"라고 하였다.

十四日。

山陰[44]若干員, 始持疏草來, 乃吳翼承【長字】所著也。成生員受而讀之, 語意通暢, 句法宏闊, 引漢文帝[45]處置淮南王[46]事甚詳。生員稱歎不已。余曰: "疏辭無出此外." 擇疏諸員, 贊其文而嫌其意, 曰: "輝遠疏言濟王竑事[47], 尙不可, 況又淮南王事." 互相是非, 莫有一定者。余心甚非之, 以爲輝遠之獲罪, 非出於濟王竑事, 而出於假手等語, 況淮南王事引證, 分明其大段有力者, 袁盎之諫[48]耳, 如欲爲輝遠伸救, 無如此等語。須臾, 權士中, 自擇疏中出, 曰: "以山陰疏, 爲大不可, 力主者, 遵晦耳。此在疏頭片言可折[49]

---

44 山陰(산음): 경상남도 산청 지역의 옛 지명. 1767년 이 고을에서 일곱 살 된 아이가 아기를 낳았다고 하여 陰자를 淸자로 고쳐 山淸縣으로 이름을 바꾸었다. 1895년 진주부 관할의 산청군이 되었고, 1914년 행정구역 개편 때 丹城郡을 병합하고 산청면 옥리에 군청을 두었다.

45 漢文帝(한문제): 前漢의 제5대 황제 劉恒. 高祖 劉邦의 넷째 아들이다.

46 淮南王(회남왕): 전한 황제 漢文帝의 동생 淮南厲王 劉長과 그의 아들 淮南王 劉安을 가리킴. 유장이 한문제에 반란을 일으켰으나, 한문제는 유장을 죽이지 않고 邛郵로 유배 보냈다. 유장은 울분을 품고 식음을 전폐한 끝에 유배지로 가는 길에서 죽었다. 이에 백성들이 문제가 아우를 죽였다는 노래를 지어 부르며 우애가 없는 문제를 비난하였다.

47 濟王竑事(제왕횡사): 송나라 史彌遠이 寧宗의 승하 뒤에 황태자 趙竑을 폐위시키고 대신 理宗을 세운 일.

48 袁盎之諫(원앙지간): 군왕이 위험을 무릅쓰는 일을 간언하여 중지시키는 것. 漢文帝가 霸陵에서 말을 달려 가파른 언덕을 내려오려 하자, 袁盎이 고삐를 잡아당겨 내달리지 못하게 하고 간언하여 경계하였던 데서 나온 말이다. 한문제가 회남왕 劉長의 목숨을 살려주고 촉군으로 유배시켰을 때, 원앙은 유장이 치욕을 이기지 못하고 스스로 목숨을 끊을 것인데, 그렇게 되면 아우를 죽였다는 오명을 뒤집어 쓸 것이라고 간하였다.

耳.” 余知彀必以我爲疏頭, 疏辭若涉危激, 安知其禍之必無也? 此乃家人情理。 余親入擇疏處, 高聲曰: “諸賢之不用山陰疏, 余未可知, 旣以我爲疏頭, 則前頭禍福, 何暇計哉? 疏辭雖危激, 在所不避, 況山陰疏無危激者乎? 袁盎之言, 文帝之處置, 正合於今日之事, 若以此爲不可, 則何如可以爲疏?” 座中皆默然。余旣出, 會中皆以山陰疏爲可用已而。擇疏諸員, 邀成生員以入, 余度其余旣高聲言之, 擇疏員必欲與成生員, 可否吾言, 以取舍其疏, 故如是邀入耳。成生員果出, 曰: “今之疏, 止救輝遠而已, 其餘是非, 專不關於吾儕。然則用極甫【會一字】疏, 可也.” 余良久曰: “僉意如是, 則吾何强之?”

5월 15일。

모임에 모인 사람들 모두가 말하기를, “날씨가 극도로 가물었다가 지금 비로소 비가 내리고 있소. 사내종 하나를 시켜놓고 온갖 일을 내팽개쳤지만, 상소하는 것이 비록 옳은 일일지라도 농사 또한 늦출 수가 없소. 소초(疏草) 하나를 취하고 버리는데 무엇이 어려워 이때까지 그대로 지체한단 말이오?”라고 하였다. 내가 말하기를, “소초를 취하고 버리는 것은 택소자(擇疏者)의 처리에 달려 있는데, 택소원(擇疏員)이 만약 산음(山陰)의 소초가 과격하다고 여긴다면 극보(極甫: 이회일)의 소초를 채용해도 좋소.”라고 하였다. 그리하여 극보의 소초로 정하였고, 사소(寫疏: 상소 필사)는 생원 한몽인

49 片言可折(편언가절): 한마디 말로 옥을 결단함.

(韓夢寅)이 하였고, 제명(題名: 글의 제목)은 노척(盧脊)이 하였다.

그리고 베껴 쓸 즈음 구경하는 자들이 사방을 둘러쌌는데, 무더워 땀이 줄줄 흘러 거의 글자를 이루지 못할 지경에 이르렀지만, 비록 좌우에서 바로잡으려고 해도 또한 능히 금할 수 없었다.

한낮에 태수(太守: 의령 현감) 이문란(李聞蘭: 李文蘭의 오기)이 만나 보기를 청하더니 각기 앉은 자리 앞에 큰 대나무 상자 하나를 벌여 놓고 술과 안주를 마련해 내놓았으며, 또 나에게 준 물건도 자못 많았다. 어떤 사람이 이르기를, "정자(正字) 권준(權濬)이 인도할 것이다."라고 하였다.

태수가 떠나고 난 뒤에 좌수(座首) 전유룡(田有龍)이 향소(鄕所)에서 또한 술과 안주를 마련하고 먼저 술을 따라서 나에게 권하였는데, 내가 여러 어른들이 자리에 있다면서 사양하자, 여러 어른들이 말하기를, "오늘 먼 길 가는 사람을 위하여 베푼 것이니, 소두가 당연히 먼저 들게나."라고 하였지만, 내가 재삼 고사하였으나 전좌수(田座首: 전유룡)가 이미 술잔을 들어 나에게 주었다.

얼큰하게 취했을 때, 박상사(朴上舍: 박건갑)가 차고 있던 패도(佩刀)를 풀어 주면서 말하기를, "그대는 소인배의 소두(疏頭)가 오면 베도록 하게. 함안(咸安)의 하경개(河景漑) 군이 올 것인데, 바로 동향 사람 의사(義士) 김경근(金景謹)의 손위 처남이네. 본디 강개하기로 이름이 났는데, 나와 함께 성산(星山)에 같이 피란하였지만 서로 만나 보지 못한 지가 지금 몇 년이 되었네. 꼿꼿한 기상은 예전에 비해 조금도 줄어들지 않았을 것이네."라고 하였다.

사소(寫疏: 상소 필사)하는 것이 거의 절반쯤 되어 소장(疏狀)을 올릴 차림을 마련하려 하자, 어떤 사람이 이르기를, "날이 이미 저물었으니 차라리 아침을 기다리는 것이 온당할 것이오." 하였고, 어떤 사람이 이르기를, "비록 밤이라 하더라도 등불을 밝히고 하는 것이 좋겠소." 하였는데, 여러 사람들이 모두 밤에 행하는 것도 안 될 것이 없다고 생각하였다.

각자 의관을 정제하고 서명하는데, 예복(禮服)을 가져오지 않은 자가 많았으니 예복을 입은 자가 먼저 서명하고 나중에 들어오는 자는 예복을 빌려 입고서 차례로 서명하였으며, 삼가(三嘉)의 진사 이간(李衎)이 소장을 소리내어 읽었다. 예식(禮式)을 끝내고 서로 읍(揖)하고서 각자의 사갓집으로 돌아가니 한밤중이었다.

十五日。

會員皆曰: "天極旱而今始雨。率一奴而廢百務, 疏雖可爲, 農亦不可緩也。一疏之取舍何難, 乃爲留滞之至此?" 余曰: "疏之取舍, 在擇疏者處置, 擇疏員若以山陰疏爲過激, 則用極甫疏可也." 於是, 以極甫疏爲定, 寫疏則以韓生員夢寅爲之, 題名則以盧脊爲之。而書寫之際, 觀者四繞, 以至鬱蒸而汗沾, 幾不成字, 雖左右司正, 亦莫能禁。日午, 太守李聞蘭[50], 請見, 各於座前, 設一大笥, 酒肴幷進, 又於余贐物[51]頗多。或云: "權正字濬[52]導之也." 太

50 李聞蘭(이문란): 李文蘭(1570~?)의 오기. 본관은 新平, 자는 時應. 경기 감사 李蘧의 여섯째 아들이다. 1612년 진사시에 합격하고, 현감을 지냈다. 1618년에 許筠·河仁浚·玄應旻·禹慶邦 등이 역모사건 혐의로 사형을 당하였는데, 이때 하인준의 처남이라는 이유로 형 李文荃과 함께 삭출당하였다.

守旣出, 田座首有龍[53], 自鄕所亦備酒饌, 請余先酌, 余辭以諸長在, 諸長曰: "今日之設爲遠行也, 疏頭當先." 余再三固辭, 田座首已擧酒屬我矣。飮半, 朴上舍解所佩刀以贈曰: "君可斬小人頭來! 咸安[54]河君景漑[55]來, 乃同鄕人金義士景謹[56]妻兄也。素名慷慨, 與余同避亂于星山[57], 不相面者, 今幾年矣。骯髒[58]氣像, 小無減於疇昔矣." 寫疏將半, 將爲拜疏[59]具, 或云: "日已暮, 不若待朝之爲

---

51 贐物(신물): 먼길 가는 사람에게 보내는 물건.

52 權正字濬(권정자준): 權濬(1578~1642). 본관은 安東, 자는 道甫, 호는 霜嵒. 丹城의 三權으로 일컬어진 權潗의 4촌동생, 權濤의 동생이다. 李公憲의 외손자, 趙凝道의 사위이다. 1613년 생원시에 합격하고, 증광 문과에 급제하였다.

53 田座首有龍(전좌수유룡): 田有龍(1546~1615). 본관은 潭陽, 자는 現卿, 호는 蒿峰. 참봉 田潭의 아들이다. 외조부 陶丘 李濟臣 문하에서 배웠다. 1592년 임진왜란이 일어나자 郭再祐 막하에서 싸웠고 招諭使로 활약했다. 난이 끝난 후 그 공으로 사헌부 감찰을 지내기도 하였다.

54 咸安(함안): 경상남도 남부 중앙에 있는 고을. 동쪽은 창원시, 서쪽은 의령군·진주시, 남쪽은 고성군, 북쪽은 남강과 낙동강을 경계로 의령군·창녕군과 접한다.

55 河君景漑(하군경개): 河景漑(생몰년 미상). 본관은 晉陽. 河瑞鱗의 손자, 河瀣의 아들이다. 金景謹과 하경개는 처남매부 사이이다.

56 金義士景謹(김의사경근): 金景謹(1559~1597). 본관은 商山, 자는 而信, 호는 大瑕齋. 丹城 출신이다. 진사 金浚의 아들이며, 첫째 부인은 진양하씨로 교리 河瀣의 딸이고 둘째 부인은 밀양박씨로 진사 朴天祐의 딸이다. 河沆의 문인이다. 1591년 장차 왜적이 난을 일으킬 것을 예측하고 方伯에게 편지로 산성을 수축할 것을 건의하였다가 민심을 동요시켰다는 죄목으로 투옥되었다. 1592년 왜적이 침입하자 조카 金應虎와 함께 창의하여 적과 싸웠다. 정유재란 때 성묘하러 가던 중 왜적을 만나 끝까지 항거하다가 피살되었다. 박천우는 朴昌龍의 숙부이니, 김경근과 박창룡은 4촌 처남매부 사이이다.

57 星山(성산): 경상북도 성주군의 선남면 성원리와 성주읍 성산리에 걸쳐 있는 산.

58 骯髒(항장): 꼿꼿함. 정직으로 하여 불우하게 됨.

59 拜疏(배소): 임금에게 의견을 글로 써서 올림.

便." 或云: "雖夜, 明燭爲之可也." 諸員皆以爲夜行, 不爲不可。各整衣冠署名, 則禮服多有闕者, 持服者先署, 後入者假着, 以次俱署, 而三嘉李進士衎[60], 讀疏矣。禮畢相揖, 而各歸私舍, 夜已分矣。

5월 16일。

본교(本鄕: 의령 향교)에서 술을 마시며 전별하고, 주쉬(主倅: 의령 현감 이문란)에게 하직 인사를 하였다. 정자(正字) 권도보(權道甫, 협주: 權濬의 字) 및 이각(李瑴)만 함께 소장(疏狀)을 가지고 가는 것에 참여하여 삼가 향교(三嘉鄕校)에 묵었다. 박창룡(朴昌龍)과 이덕립(李德立)이 따라나섰으며, 정시남(鄭是南) 군이 진주(晉州)에서 이른 것 또한 상소에 참여하기 위해서였다.

十六日。

飮餞[61]于本校, 就辭于主倅, 惟權正字道甫【濬字】及瑴, 共之陪疏[62], 宿三嘉鄕校。朴昌龍[63]·李德立[64]隨行, 鄭君是南, 至自晉州, 亦以其陪疏也。

---

60 李進士衎(이진사간): 李衎(1564~?). 본관은 仁川, 자는 樂夫. 三嘉 출신. 李安世의 아들이다. 1612년 진사시에 합격하였다. 정구와 장현광의 문인이다.

61 飮餞(음전): 술 마시며 전별함.

62 陪疏(배소): 소장을 가지고 가는 것.

63 朴昌龍(박창룡, 1591~1671): 본관은 密陽, 자는 雲甫, 호는 篁庵. 朴仁粹의 손자, 朴天禎의 아들이다. 박건갑의 14촌 族弟이다. 성산이씨 李應期의 사위이다. 사위는 申東弼이다. 밀양박씨 졸당공파이다.

64 李德立(이덕립, 생몰년 미상): 본관은 星州. 李應龍의 둘째 아들이다. 부인은 박씨로만 등재되어 있다.

5월 17일。

권도(權韜: 權韜의 오기)가 찾아왔는데, 권도는 시인(詩人) 권필(權韠: 權韠의 오기)의 동생이다. 권필이 이미 원통하게 죽었는데, 권도가 어머니를 받들어 도성에 있으면서 말을 저자에서 팔았다. 그 말을 사 간 자가 바로 역적이었다. 그 죄인의 공초(供招: 범죄 사실 진술)에 연루되어 본현(本縣: 삼가현)에서 귀양살이하게 되자, 노년의 어머니는 북쪽에서 손수 밥짓고 죄 지은 자신은 남쪽에서 그리워하지만 남과 북이 저 멀리 떨어져 있으니 연연한 그리움이 얼마나 지극하겠는가. 말을 꺼내면 눈물이 떨어졌으니, 눈물이 줄줄 흐르고 목이 메였다. 도성 사람들이 물건을 사고 파는 것이야 으레 있는 일이거늘, 수많은 사람이 오가는 저자에서 권도로서는 말을 사 간 자가 역심을 품은 사람인지 어찌 알겠으며, 또한 파는 자가 어떤 사람인지 어찌 알겠는가. 더구나 권도는 저자에 직접 가지 않고 그의 노복이 저자에 갔는데도, 권도가 먼 곳으로 귀양을 온 것은 어쩌면 원통할 것이다. 권도의 입장에서 보자면 그와 같은 원통한 자가 몇 명이나 있는지 알 수 없다.

十七日。

權進士韜[65]來見，韜詩人韠[66]之弟也。韠旣冤死，韜奉母在洛，

---

65 權進士韜(권진사도): 權韜(1574~?)의 오기. 본관은 安東, 호는 睡隱. 習齋 權擘의 여섯째 아들이다. 1603년 진사시에 합격하였다. 1612년 형 권필이 被禍하여 三嘉로 유배되었다.

66 韠(필): 權韠(1569~1612)의 오기. 본관은 安東, 자는 汝章, 호는 石洲. 習齋 權擘의 다섯째 아들이다. 1612년 金直哉의 옥에 연루된 趙守倫의 집을 수색하다

賣馬于市, 其買去者, 乃逆人也。辭連[67]謫本縣, 臨年[68]慈母, 尸饔[69]于北, 負罪孤身, 陟屺[70]于南, 南北伊阻, 戀情何極? 言出而涕隨, 淚迸而咽塞。洛人買賣例也, 千百人市上, 韜豈知買者之爲懷逆逆[71]人, 亦豈知賣者之爲何如人哉? 況韜不親市而其奴市之, 則韜之遠謫, 或者冤矣。以韜而觀之, 則如其冤者, 未知其幾人也。

5월 18일。

박규(朴規)·김자장(金子長: 金子章의 오기, 金應奎)·윤현(尹晛)이 몹시 음산하게 비 내리는데도 찾아왔다.

十八日。

朴規·金子長·尹晛, 來見陰雨。

5월 19일。

중형(仲兄: 李惟訥)이 인부와 말, 행구(行具: 길 가는데 필요한 물건) 등을 챙겨서 왔다.

이보다 앞서, 내가 의령(宜寧)에 있었을 때 좌중 사람들에게 알

가, 권필이 조수륜과 연관되었음이 밝혀져 귀양지로 가던 도중 동대문 밖에서 폭음으로 죽었다. 호방하고 매사 얽매이지 않는 성품을 지녔으며, 당나라 시대 시풍의 낭만적 서정과 당대 현실을 풍자한 사회성 높은 시를 많이 남겼다.

67 辭連(사련): 죄인의 供招에 연루되는 것.

68 臨年(임년): 노년.

69 尸饔(시옹): 밥 짓고 나무하는 등 집에서 고생하는 말함.

70 陟屺(척기): 陟岵陟屺. 타향에 있는 자식이 고향의 부모를 그리워하여 자주 산에 올라가 고향 쪽을 바라봄.

71 逆逆人(역역인): 역심을 품은 사람.

리기를, "나는 홀아비로 살아서 모든 것이 구비되지 못했으니, 바라건대 소장을 받들어 삼가 향교(三嘉鄕校)에 두고는 제 사갓집으로 돌아가서 빨아놓은 옷이라도 입고 채비를 갖추어 가는 것이 어떻겠소?"라고 하자, 여러 사람들이 말하기를, "소장(疏狀)을 받들었으면 소두(疏頭)는 잠시도 떨어져서는 안 된다."라고 하였다.

나는 이 때문에 인부와 말이 오기를 기다린 것인데, 정자(正字) 권집(權潗) 및 이각(李慤)이 와서 종일 비 오는데도 전별하였다.

十九日。

家仲[72]治人馬行具而來。先是, 余在宜寧, 通于座中, 曰: "余以鰥夫, 凡具未備, 願奉疏置于三嘉鄕校, 身歸私第, 澣衣治裝, 以行如何?" 僉曰: "旣奉疏, 則疏頭不可須臾離也." 余以是留待人馬之來, 權正字潗[73]及慤來, 餞終日雨。

5월 20일。

치질(痔疾)이 크게 도져서 앉고 서는 것이 어려웠으나, 먼 길을 떠나야 하는 것이 내일 아침으로 다가와서 팔짱을 낀 채 생각에 잠겼지만 다른 것을 생각할 겨를이 없었다. 그런데도 달보(達甫:

---

72 家仲(가중): 仲兄. 李有說의 둘째 형인 李惟訥(1562~1625)을 가리킴. 본관은 星州, 자는 汝敏, 호는 梧崗. 忠義衛를 지냈다. 晉陽河氏 河忭(1581~?)의 장인이고, 河達濟의 외조부이다. 하변은 河魏寶(1526~1591)의 둘째 부인은 姜佑의 딸 晉州姜氏인데, 그 사이에서 태어난 첫째 아들로, 8자가 된다.

73 權正字潗(권정자집): 權潗(1569~1633). 본관은 安東, 자는 達甫. 鄭逑의 문인이다. 權世仁의 아들이다. 鄭仁弘의 처남, 梁弘澍의 사위이다. 1601년 생원시에 합격하였고, 1612년 증광 문과에 급제하였다.

권집) 등 또한 비 때문에 머무르면서 바둑을 가져와 앞에 내놓으며 말하기를, “그대와 바둑 두기가 알맞네.”라고 하였는데, 내가 말하기를, “이곳은 향교(鄕校)이니 밖이면 둘 수 있겠으나 안에서는 둘 수가 없네.”라고 하자, 좌중의 사람들 모두가 말하기를, “비록 향교라 하더라도 이미 명륜당(明倫堂)이 없는데다 게다가 동서재(東西齋)까지 없는데, 이곳은 아마도 잠시 빌려 재실(齋室)로 삼으면 사삿집과 다를 것이 없을 것이니 바둑놀이를 한들 무슨 상관 있겠는가?”라고 하였다. 나는 응하지 않고 누워버리니, 달보와 이각(李瀔)이 종일토록 바둑을 두었는데 서로 막상막하였다.

二十日。

痔疾大發, 艱於坐立, 而遠行迫在明朝, 袖手思量, 不遑他念。而達甫等, 亦以雨留, 持碁以前, 曰: “可與君着.” 余曰: “此爲鄕校, 在外則可, 在內則不可.” 座中皆曰: “雖云鄕校, 旣無明倫堂, 又無東西齋, 此蓋假借以爲齋, 則與私舍無異, 局戲何妨?” 余不應而臥, 達甫與瀔, 終日着, 互勝負矣。

5월 21일。

정시남(鄭是南) 군과 함께 병중에도 길을 나섰는데, 본현(本縣: 삼가현) 사람인 조계장(曺啓長: 曺繼章의 오기인 듯)·박광업(朴光業)이 따라나섰다.

이보다 앞서, 내가 의령(宜寧)에 있었을 때 좌중 사람들에게 말하기를, “배소원(陪疏員: 소장을 가지고 가는 사람)들이 사갓집에서 길

떠날 채비를 하느라 아직 만나지 못했으니, 만나 보기도 전에 소두(疏頭) 한 사람이 소장(疏狀)을 가지고 가는 것은 이 또한 옳지 못한 것이오."라고 하였는데, 이 때문에 이덕립(李德立)과 박창룡(朴昌龍)이 따라나섰던 것이다.

이때에 이르러 조계장과 박광업 두 사람이 또한 따라나섰다. 합천(陜川)에 이르러 객사에 그대로 묵었는데, 본읍(本邑: 합천)의 사우(士友)는 한 사람도 찾아와 보는 사람이 없었다.

二十一日。

與鄭君是南, 忍疾登程, 本縣人曺啓長[74]·朴光業隨之。先是, 余在宜寧, 言于座中, 曰: "陪疏諸員, 以治行在私第未會, 未會之前, 疏頭一人, 陪疏而行, 其亦不可哉." 以是, 李德立·朴昌龍隨之。至是, 曺朴兩君, 亦隨之。到陜川, 仍宿于客舍, 本邑士友, 無一人來見者。

5월 22일。

김이옥(金而玉)의 부음을 들었는데, 김이옥은 명성이 진동한 고령(高靈) 사람이다. 나와 같은 해에 태어났고, 도성에서 서로 어울려 따뜻한 정과 의리를 아는 매우 친숙한 사람이었다. 용담(湧潭: 龍潭의 오기)에 말을 멈추었는데, 소장(疏狀)을 가지고 들어가 임종

74 曺啓長(조계장): 曺繼章(생몰년 미상)의 오기인 듯. 본관은 昌寧, 자는 熙仲. 남명 曺植의 종손자, 曺桓의 손자, 曺義民(1545~1605)의 셋째 아들이다. 曺繼明(1568~1641)의 동생이다.

할 수 없어서 고령 향교(高靈鄕校)에 묵었다.

안음(安陰)의 오덕홍(吳德泓) 군과 상사(上舍) 성효규(成孝圭: 成效奎의 오기)가 이곳에 머무르며 기다렸고, 배소인(陪疏人) 이봉일(李奉一)이 삼가현(三嘉縣) 사람인데 또한 이곳에 머무르며 기다렸는데, 본현(本縣: 고령)의 이시함(李時咸: 李時諴의 오기)·최몽룡(崔夢龍)·이문룡(李文龍)이 찾아왔다.

성상사(成上舍: 성여신)가 나의 옷깃을 잡고서 대문 밖 아무도 없는 곳으로 나아가 말하기를, "정릉(鄭稜: 정인홍의 손자)이 이미 경성(京城)에 편지를 보낸 탓으로 요로에 있는 사람들이 말하기를, '안음(安陰)과 단성(丹城) 등 한두 고을의 선비들이 가운데 정온(鄭蘊)을 깊이 생각하는 자들이 정온을 위해 상소를 지었지만, 상소에서 말한 바의 하나부터 여덟까지 거의 모두를 대궐 밖에서부터 안에까지 알지 못하는 자가 없다.'라고 하니, 비록 이 소장을 올려도 반드시 공론(公論)이 아닐 것이 당연할 것이다. 하물며 합천(陜川) 사람 가운데 한 사람도 참여하지 않았으니, 상소는 무익할 뿐만 아니라 도리어 옥중에 있는 사람에게 또한 해로울 수 있으니, 어떻게 하겠는가?"라고 하였다. 나는 한참 있다가 말하기를, "나는 소장을 받들고 왔으니 소장을 올리고 가는 것만 알 뿐이지, 옥중에 있는 사람의 화복(禍福)을 어느 겨를에 헤아린단 말인가?"라고 하였다.

二十二日。

聞金而玉訃音，而玉名聲振高靈[75]人也。與余同年生，而洛城相隨, 情義頗熟者。駐馬湧潭[76], 以陪疏未得入臨, 宿高靈鄕校。安陰[77]吳君德泓[78]·成上舍孝圭[79], 留待于此, 陪疏人李奉一[80], 三嘉人也, 亦留待于此, 本縣李時咸[81]·崔夢龍·李文龍[82]來見。成上舍, 執余之襟, 出諸大門外無人處曰: "鄭稜[83]已抵書於京城, 當路人曰: '安陰·丹城一二邑, 士子有切於鄭蘊者, 爲蘊陳疏, 其言一八, 自外及內, 無不知之.' 雖呈此疏, 必以非公論, 當之。況陝川人, 無一人參, 疏非徒無益, 抑亦有害於獄中人, 奈何?" 余良久曰: "吾知奉疏而來, 呈疏而去, 獄人禍福, 何暇計哉?"

---

75 高靈(고령): 경상북도 남서부에 있는 고을. 동쪽은 대구광역시 달성군, 서쪽과 남쪽은 경상남도 합천군, 북쪽은 성주군과 접한다.

76 湧潭(용담): 龍潭의 오기. 경상남도 고령군 쌍림면 安林川. 경상남도 합천군 해인사의 골짜기에서 발원하여 경상북도 고령군 쌍림면 백산리를 지나 낙동강으로 흘러드는 하천이다.

77 安陰(안음): 경상남도 함양군 안의면 지역에 있었던 고을.

78 吳君德泓(오군덕홍): 吳德泓(1561~1641). 본관은 海州, 자는 而渾, 호는 鶴浦. 吳雲의 아들이다. 1618년 생원시에 합격하였다. 1623년 희릉참봉을 지냈다.

79 成上舍孝圭(성상사효규): 成效奎(1576~1629)의 오기. 본관은 昌寧, 자는 景旭, 호는 石潭. 成彭年의 넷째 아들이다. 1606년 사마시에 합격하였다.

80 李奉一(이봉일, 생몰년 미상): 본관은 碧珍, 자는 膺甫. 李屹의 차남이고, 李會一의 동생이다. 趙任道의 처남이다.

81 李時咸(이시함): 李時馠(1575~1660)의 오기. 본관은 星州, 자는 聞遠, 호는 隴雲. 군수 李成業의 아들이다. 鄭逑의 문인이다. 盧克弘, 金檝, 李見龍, 李文龍, 朴狃衢 등 당대의 명현들과 교유하였다.

82 李文龍(이문룡, 1584~1655): 본관은 星山, 자는 晦權, 호는 菊圃. 鄭逑의 문인이며, 병자호란 당시 형 李見龍과 더불어 의병을 일으켰다. 薇山處士라 불렸다. 李惟碩의 아버지이다.

83 鄭稜(정릉, 1590~1625): 본관은 瑞山, 자는 汝觚. 鄭沇의 아들이고, 鄭仁弘의 손자이다. 산청현감, 성주목사 등을 지냈다. 인조반정이 일어나 합천감옥에 수감되고 1년 지나 함경도 慶源에 정배된 뒤, 그곳에서 1625년 사망하였다.

5월 23일。

일행이 성산(星山)에 도착하자, 진사(進士) 이명룡(李命龍) 등 몇몇 사람들이 향교(鄕校: 성산 향교)에 잠시 의탁해 지내고 있다가 늘어서서 이르기를, "우리 고을 선비 네댓 명이 지난번 모임 장소로 향하다가 고령(高靈)에 이르러 중지하기로 정했다는 기별을 듣고 도로 그만두었소."라고 하였다. 아마도 합천(陜川) 통문(通文) 때문에 그렇게 된 것인 듯하였다.

그렇지만 배소원(陪疏員)은 상사(上舍) 박명윤(朴明允: 朴明胤의 오기)이었기 때문에 곧바로 떠나면서 즉시 박군에게 통고했었는데, 또 나에게 말하기를, "내가 소장의 내용을 보았더니 별달리 과격한 곳이 없었소. 다만 비록 노하실지언정 그 네 글자가 온당치 못한 듯하니 바꾸는 것이 지극히 혁연(赫然)하시더라도 어떻겠소?"라고 하였다. 내가 말하기를, "어떻게 해서 보았단 말이오?"라고 하자, 이봉일(李奉一) 군이 말하기를, "진사(進士: 이명룡)이 보기를 청하여 부득이하게 열어서 보여주었습니다."라고 하였는데, 나는 매우 불쾌해서 아무리 보기를 간절히 청했다 하더라도 배소원이 소두(疏頭)가 있지 않은 자리에서 멋대로 개봉하는 것이 옳은가라고 하였다.

개령(開寧)의 선비들이 무명 약간 필을 보내왔다.

二十三日。

行至星山, 李進士命龍[84]若干人, 居接[85]于本校, 延謂曰: "吾州

84 李進士命龍(이진사명룡): 李命龍(1570~?). 본관은 光山, 자는 子信. 아버지는 李蕗이고, 장인은 鄭應斗이다. 1606년 진사시에 합격하였다.

士人四五員, 頃向會所, 至高靈, 聞退定之奇, 還止之." 蓋陜川通文, 使之致然也。然陪疏員, 則朴上舍明允[86], 當行卽通於朴君, 又語余曰: "我見疏辭, 別無過激處。但雖怒, 其言四字, 似未穩便, 易之, 以雖極赫然[87], 何如?" 余曰: "從何得見乎?" 李君奉一曰: "進士求見, 不得已開封示之." 余甚不快, 以爲雖求見之切, 陪疏員不有疏頭, 擅自開封, 可乎? 開寧[88]士子, 送資木若干匹。

5월 24일。

나는 상산(商山: 상주)으로 향하려고 하는데, 이봉일(李奉一)이 곧장 개령(開寧)으로 향하려 하였다. 이에, 내가 말하기를, "배소인(陪疏人)이 많은데 김산(金山)에 머무르며 기다리는 것을 어떻게 하려는 것인가?"라고 하자, 이봉일 군이 말하기를, "곧장 개령에 도착하여 향교(鄕校: 개령 향교)의 노복을 급히 김산에 보내면, 정해놓은 시간 안에 상산에 도착할 수 있을 것이오."라고 하였다. 아마도 개령 현감(開寧縣監)이 일찍이 삼가 현감(三嘉縣監)이었으니, 이봉일 군이 그를 맞이해 만나보려는 뜻을 지녔기 때문이었을 것이

---

85 居接(거접): 잠시 몸을 의탁해 거주함.

86 朴上舍明允(박상사명윤): 朴明胤(1566~1649)의 오기. 본관은 密陽, 자는 孝叔, 호는 槎翁. 朴潛의 아들이다. 鄭逑의 문인이다. 1610년 진사시에 합격하였다.

87 赫然(혁연): 《孟子》〈梁惠王章句 下〉에 "왕이 혁연히 노하여 군대를 정비했다.(王赫斯怒, 爰整其旅.)"라는 《詩經》〈大雅·皇矣〉의 말을 인용하면서, 周나라의 文王과 武王이 "한번 노하여 천하의 백성들을 안정시켰다.(一怒而安天下之民.)"라고 찬양한 말을 염두에 둔 표현.

88 開寧(개령): 경상북도 김천시 개령면 지역.

다. 나는 굳이 우기고 싶지 않았다.

일행이 개령으로 가는 길에 들어서려는데, 어떤 사람이 등에 지고 와서 인사한 뒤 서간 1통을 바쳤으니, 바로 함양군수(咸陽郡守) 이대기(李大期) 및 함양 사람인 정경운(鄭慶雲)·노일(盧佾) 등의 편지였다. 편지의 내용은 소초(疏草)의 말이 매우 거칠고 간략하여 도성 사람들에게 비웃음을 사지 않을 수 없으니 김산 군수(金山郡守)와 의논하여 고치라고 한 것이었고, 소초는 함양 군수(咸陽郡守: 이대기)가 전날 익승(翼承: 오장)이 지은 바를 손질하여 보낸 것이었다.

이에, 김산으로 들어가는 길에 송정(松亭)에서 말을 잠시 쉬게 한 뒤에 일행이 김천(金泉) 앞에 도착했을 때, 나는 절구시 1수를 읊었으니, 이러하다.

대장부 이 세상에서 살아가자면
가고 머무는 것 하늘에 맡길 뿐.

이봉일 군이 이어서 읊었으니, 이러하다.

심중의 작은 뜻도 만일 정해짐이 있다면
외물이라 하더라도 어찌 어길 수 있으랴.

정시남(鄭是南) 군에게 먼저 소초를 가지고 본군(本郡: 김산군)에 들어가도록 하였다.

나와 이봉일 군은 찰방(察訪) 문경호(文景虎)를 만나 보았는데, 문경호의 자는 군변(君變)이고 합천(陜川) 사람이다. 찰방(察訪: 문경호)이 소초(疏草)를 취하여 읽고서 말하기를, "소초의 말이 순리가 있고 과격함은 없으나, 단지 구정(救正)이란 두 글자만 온당치 못한 곳이 있다." 하였고, 또 말하기를, "소초의 내용이 전날의 통문(通文) 가운데 말한 뜻과 같으니 크게 옳지 못하다."라고 하였다. 대체로 통문 또한 익승(翼承: 오장)이 지은 것으로 휘원(輝遠: 정온)을 충성되고 곧은 사람이라 하였지만, 합천의 의론에서 휘원이 올린 상소 가운데 남의 손을 빌렸다[假手]는 말 등은 신하가 임금에게 고하는 말이 아니니 충언이라 이를 수 없고 또 직언이라 이를 수 없다고 한 까닭에 찰방이 이런 말을 한 것이다.

몇 순배 술을 마시고 본군(本郡: 김산군)에 들어가니, 정린(鄭潾)·유경갑(劉敬甲)과 함양(咸陽)의 서계철(徐繼哲)이 남아 기다렸다. 김산 군수의 말로는 좌상(左相: 정인홍)이 휘원(輝遠: 정온)에게 의리로는 스승과 제자 간이고 은혜는 부자지간 같으니, 무죄를 밝혀 구원하더라도 반드시 점차 하려는 것이지 다만 구원하지 않으려는 것이 아니라고 하였다. 술자리가 파한 뒤 향교(鄕校: 김산 향교)에서 묵었는데, 소초가 그곳에 있었기 때문이다.

二十四日。

余欲向商山[89], 奉一欲直向開寧。余曰: "陪疏人多, 留待於金山[90], 奈何?" 李君曰: "直到開寧, 使校奴急送金山, 期會商山可也.” 蓋開寧倅[91], 曾爲三嘉倅, 李君有意邀拜故也。余不欲强辨。行及開路, 有一人負且拜, 獻書簡一封, 乃咸陽郡守李大期[92]及郡人鄭慶雲[93]·盧佾等書也。書意, 以疏辭甚草略[94], 不無被笑於洛城人, 與金山倅議改云, 而疏草, 則咸陽倅, 增損其前日翼承所著, 以送之矣。於是, 入金山路, 歇馬松亭, 行到金泉[95]前, 余吟一絶曰: “丈夫處此世, 行止任天爲.” 李君繼之, 曰: “寸心[96]如有定, 外物何能違?” 使鄭君是南, 先陪疏入本郡。余與李君, 見文察訪景虎[97], 景虎, 字君燮, 陜川人也。察訪取疏草讀之, 曰: “疏辭有順

---

89 商山(상산): 경상북도 尙州의 옛 이름.

90 金山(김산): 경상북도 錦陵郡과 金泉市에 있었던 지역명.

91 開寧倅(개령쉬): 姜燧(1570~?)를 가리킴. 본관은 晉州, 자는 惟遠. 姜孝胤의 아들이다. 1603년 진사시에 합격하였고, 1616년 증광 문과에 급제하였다. 《光海君日記》 1614년 1월 3일 첫 번째 기사가 참고된다. 1614년 9월 14일에 개령현감으로 李宜活이 제수되었다.

92 李大期(이대기, 1551~1628): 본관은 全義, 자는 任重, 호는 雪壑. 曺植을 사사하였다. 1592년 임진왜란 때 고향에서 의병을 모집하여 倡義將 鄭仁弘 휘하에서 공을 세워 掌苑署別提가 되었다. 1599년 형조정랑, 이듬해 영덕현령, 1608년 청풍군수·함양군수 등을 지냈다.

93 鄭慶雲(정경운, 1556~?): 본관은 晉陽, 자는 德顒, 호는 孤臺. 鄭栗의 아들이다. 鄭仁弘의 문인이다. 1592년 임진왜란 때 경상도 지역의 왜적을 격퇴하는 데 큰 공을 세웠던 학자 겸 의병장이었다. 저술로는 《孤臺日錄》 등 임진왜란 때 의병의 사적을 기록한 여러 저술이 있다.

94 草略(초략): 몹시 거칠고 간략함.

95 金泉(김천): 경상북도 남서부에 있는 고을. 동쪽은 칠곡군·성주군, 서쪽은 충청북도 영동군과 전북특별자치도 무주군, 남쪽은 경상남도 거창군, 북쪽은 상주시·구미시와 접한다.

96 寸心(촌심): 속으로 품은 작은 뜻.

97 文察訪景虎(문찰방경호): 文景虎(1556~1619). 본관은 南平, 자는 君燮, 호는 嶧陽. 文應洙의 아들이다. 정인홍의 문인이다. 1602년 松羅察訪이 되었고,

無激, 但救正二字, 有未穩當." 又曰: "疏辭如前日通文中語意, 則大不可也." 蓋通文亦翼承所著, 而以輝遠爲忠爲直, 陜議以輝遠疏中假手等語, 非臣子告君之辭, 不可謂之忠, 又不可謂之直, 故察訪有是言耶。飮數巡入本郡, 鄭潾[98]·劉敬甲[99], 咸陽徐繼哲[100], 留待矣。主倅之言, 以爲左相之於輝遠, 義爲師弟, 恩猶父子, 伸救必有其漸, 非直欲不救也。飮罷, 宿鄕校, 以疏在故也。

5월 25일。

객사(客舍)에 머물다가 나와서 함양 군수(咸陽郡守: 이대기)가 보낸 소초(疏草)를 윤색하였다.

고령(高靈)·초계(草溪)의 사우(士友)들이 무명 몇 필을 보내 주었다. 성주(星州)의 상사(上舍) 박명윤(朴明允: 朴明胤의 오기)은 아들의 병 때문에 과연 오지 않았지만, 성주의 사우들 또한 무명 2필을 보내 주었다.

1614년 金泉察訪으로서 당시 대북파들의 횡행과 왕의 실책이 두드러지기 시작하자, 이를 비판하던 鄭蘊 등의 편에 서서 활동하다가 원래 정인홍의 문인으로 스승을 배반하였다는 죄로 삭탈관직 당하였다.

98 鄭潾(정린, 1572~1632): 본관은 草溪, 자는 仲胤. 초계정씨 19세손 應鐸→2남 文明→2남 時亮→4남 宗冑→1남 元龜→4남 潾으로 이어진다.

99 劉敬甲(유경갑, 1576~?): 본관은 居昌, 자는 一初. 劉德盖의 아들이다. 1612년 진사시에 합격하였다. 유덕개는 鄭蘊의 대고무부인 劉名盖의 형이다.

100 徐繼哲(서계철, 1579~1636): 본관은 利川. 진주목사 徐禮元의 차남이다. 1593년 제2차 진주성 전투에서 서예원과 徐繼聖은 전사, 서예원의 부인 이씨, 맏며느리 노씨, 어린 딸은 남강에 투신하여 자살했지만, 서계철은 포로로 잡혀 일본에서 13년을 보내고 사명대사의 포로 송환 때 귀국하여 처가인 경남 함양 수동면에 살았다. 아내는 朴孟儉의 딸이다. 박맹검은 河大連의 사위이다.

진사(進士) 여희필(呂熙弼: 呂姬弼의 오기) 등이 술자리를 베풀었다.

二十五日。

留客舍出, 咸陽倅所送疏草, 潤色之。高靈·草溪[101]士友, 送資木若干匹。星州朴上舍明允, 以子病果不來, 星州士友, 亦送資木二匠[102]。呂進士熙弼[103]等, 設酌酒。

5월 26일。

비가 많이 쏟아지는데 오덕홍(吳德泓)·성효규(成孝圭: 成效奎의 오기)가 하인에게 편지를 들려 보내 왔다. 그 편지에 이르기를, "좌상(左相: 정인홍)의 뜻이 소장 올리는 것을 멈추는 데 있거늘, 만약 그 뜻을 억지로 거스르면 앞으로 좋지 못한 무슨 일이 많이 있을 것이다."라고 운운하였다. 그러나 이미 배소(拜疏: 상소)한 것을 중지하는 것은 옳지 못하니, 그 밖에 기뻐하기도 하고 슬퍼하기도 하는 일은 단지 하늘에 맡길 뿐이었다.

찰방(察訪: 문경호)이 또 술과 안주를 보내 왔다.

二十六日。

---

101 草溪(초계): 경상남도 합천군 중동부에 있는 고을. 이 지역은 해안의 泗川과 내륙산간지역의 高靈을 연결해 주었고, 동서로 합천·昌寧을 이어주는 교통의 요지였다.

102 匠(장): 匹의 오기.

103 呂進士熙弼(여진사희필): 呂姬弼(1584~1645)의 오기. 본관은 星州, 자는 嘉會, 호는 道巖·養浩. 경상북도 김천시 구성면 금평리 출신이다. 1613년 사마시에 합격했으나, 광해군 때 폐모론이 일어나자 향리로 돌아와 은거하면서 후학 양성에 전념하였다.

大雨，吳德泓·成孝圭，走伻[104]而來。其書曰："左相之意，在於停疏，若强拂其意，則前頭多有不好底事[105]."云云。然已拜之疏，不可以中止，餘外[106]休戚[107]，直付之天而已。察訪又送酒肴。

5월 27일。

여러 사람들이 매번 함양 군수(咸陽郡守: 이대기)가 보낸 소초(疏草)를 베껴 가려고 했으나 그 적임자가 찾기 어려웠는데, 김산 군수가 진사 이진(李璡)을 베껴 줄 사람으로 추천하였다. 이진은 상산(商山) 사람으로 나와 같은 해 과거에 급제한 자였다. 때마침 자리에 있어서 그것을 언급하자, 진사(進士: 이진)가 사양하였다.

김산 군수가 또 술자리를 베풀었는데, 진사 여희필(呂熙弼: 呂姬弼의 오기) 또한 참석하였다.

청리역(青里驛)에서 묵었다.

二十七日。

諸員每欲寫咸陽疏以去，而難其人，主倅薦李進士璡[108]，爲可寫。璡商山人，與余同榜者也。時在座，語及之，進士辭。主倅又設餞酌，呂進士熙弼亦參。宿青里驛[109]。

---

104 走伻(주팽): 하인을 보냄.

105 底事(저사): 무슨 일.

106 餘外(여외): 그 외. 그 밖. 기타.

107 休戚(휴척): 기쁨과 걱정.

108 李進士璡(이진사진): 李璡(1563~?). 본관은 慶州, 자는 玉汝. 李麟壽의 아들이다. 尙州 출신이다. 1613년 진사시에 합격하였다.

109 青里驛(청리역): 경상북도 상주시 청리면에 있었던 역참.

5월 28일。

상주(尙州)에서 아침을 먹었는데, 생원(生員) 김지복(金知復)·찰방(察訪) 이전(李琠) 등 10여 명이 술과 성찬을 베풀어 주니 얼굴빛을 변하고 일어날 만하였다. 김지복이 소초(疏草) 보기를 청하였는데, 극보(極甫: 이회일)의 소초는 제대로 살피지 않고 보더니 함양(咸陽: 함양군수 이대기)의 소초는 깊이 음미하며 읽고서 말하기를, "여러분이 과연 이 소초를 얻어 왔단 말이오? 이는 필시 달관한 이의 문장이외다."라고 하였다.

이에 의논하여 고쳐 베끼로 했으나 또한 그 적임자가 찾기 어려웠다. 생원(生員: 김지복)이 말하기를, "기어이 말하라고 한다면 진탁(陳琢)이라는 자가 있기는 하오. 비록 능히 잘 베끼지는 못하더라도 없는 것보다 나으리니 불러와서 베끼도록 하는 것이 좋겠소." 라고 하였다. 생원이 편지를 써서 박영진(朴永鎭) 군에게 주었다. 아마도 박군이 본주(本州: 상주) 배소원(陪疏員)으로서 자리에 있다가 채비를 차리고자 장차 사갓집으로 돌아가려 했는데 진탁의 집을 지나가기 때문이었을 것이다. 얼마 지나지 않아 진생(陳生: 진탁)이 과연 이르자, 두 개의 소초가 이미 나와 있어 좌중에서 베껴가는 자가 많았고 목사(牧使) 또한 아전을 시켜 베껴 갔다.

때마침 사인(舍人) 정호서(丁好恕)가 합천(陜川)의 좌상(左相: 정인홍) 집에서 와 이곳에 머무르고 있었다. 나는 그가 전파하여 번거롭게 하는 것이 싫어서 못하도록 꾸짖으려고 했으나, 여러 사람들이 그가 전파하는 것을 불가하다고 여기지 않은 까닭에 그만두었다.

二十八日。

朝飯于尙州, 金生員知復[110]·李察訪琠[111]等十餘人, 設酌盛饌, 可以變色[112]。金生員, 請見疏草, 於極甫疏, 視之不省, 於咸陽疏, 讀之深味, 曰: "僉兄, 果得此疏來耶? 此必達者之文也." 於是, 議改寫, 而亦難其人。生員曰: "無已[113]則有陳琢者在。雖不能善寫, 有愈於無, 可招來以寫." 生員爲書, 以畀朴君永鎭。蓋朴君, 以本州陪疏員在座, 以治行將歸私第, 以其行過陳廬故也。未幾, 陳生果至。二疏草旣出, 座中傳寫者多, 牧使使下吏, 亦傳寫以去。時丁舍人好恕[114], 自陝川左相家來, 留此。余厭其傳播之煩, 欲呵禁之, 而諸兄不以爲不可, 故止。

---

110 金生員知復(김생원지복): 金知復(1568~1635). 본관은 永同, 자는 無悔·守初, 호는 愚淵. 金覺의 아들이다. 柳成龍의 문인이다. 1612년 사마시에 합격하였다.

111 李察訪琠(이찰방전): 李琠(1558~1648). 본관은 興陽, 자는 叔載, 호는 睦齋·月澗. 李守仁의 아들이고, 李埈의 형이다. 1592년 때 의병을 일으켜 왜군과 싸웠으며, 평안도 찰방과 현감을 지냈다.

112 可以變色(가이변색): 《論語》〈鄕黨篇〉의 "성찬을 받으시면 반드시 낯빛이 변하시며 일어났고, 빠른 우레와 맹렬한 바람에 반드시 낯빛이 변하였다.(有盛饌, 必變色而作, 迅雷風烈必變.)"는 구절을 염두에 둔 표현. 남의 집에 초대를 받았을 때 盛饌이 나오면 얼굴빛을 변하고 일어나는 것은 비단 성찬이 나온 놀라움 때문이 아니라 자신을 환대하는 주인의 禮에 대한 공경 때문이다.

113 無已(무기): 대답하기 어렵지만 기어이 대답을 요구하여 할 수 없이 말한다면. 《孟子》〈梁惠王章句 下〉의 "부득이하다면 한 가지 방법이 있다.(無已, 則有一焉)"에서 보인다.

114 丁舍人好恕(정사인호서): 丁好恕(1572~1647). 본관은 押海, 자는 士推. 丁胤福의 아들로, 丁胤祉에게 입양되었다. 1608년 별시 문관에 급제하였다.

5월 29일。

진사 황정간(黃庭幹: 黃廷幹의 오기, 黃時幹으로 개명)이 찾아왔다. 진사는 머무르며 소장(疏狀)을 올리려 가는 일행을 기다렸지만, 그 일행이 지체되자 자기 집으로 되돌아갔다가 이때에 이르러 다시 온 것이다.

여러 사람들이 소초(疏草)를 베끼기로 의논하였지만, 소초를 베끼려고 하니 장소가 불편하였다. 그래서 객사(客舍: 상산관)에 이르고서야 소초를 베꼈는데, 목사(牧使: 상주목사) 한술(韓述)이 소초를 베끼는데 필요한 붓과 먹을 보내주었다. 목사(牧使: 한술)는 어제 이미 추로(秋露: 술 이름) 한 동이, 닭 5마리, 오이 한 소반, 대구 5마리를 보내왔는데, 이때 이르러서 또 점심을 차려주었다.

이곳에서 소초를 이미 고치고 나자 이곳 사우(士友)들의 이름을 써넣지 않을 수 없었는데, 이를 좌중의 사람들에게 알리니 좌중의 사람들이 난색을 보였다. 내가 말하기를, "이미 상소하기로 하여 이곳에 왔다가 소초를 고친 것은 여러 형들과 함께한 것이오. 여러 형들이 소초를 고치기로 같이 의논해 놓고 이름을 써야 하는데 이르러서는 기꺼이 나를 따르지 않으니 참으로 알 수 없는 일이오." 라고 하자, 황진사(黃進士: 황정간)가 말하기를, "소두(疏頭)의 이름을 쓰고 그 다음에 생원(生員) 약간 명을 쓰고, 그 다음에 진사(進士) 약간 명을 쓴 후에 유학(幼學)을 쓰면, 이곳에 있는 생원과 진사는 어디에다 그 이름을 쓴단 말이오?"라고 하였다. 내가 말하기를, "우선 소두의 이름이 쓰인 곳을 오려내고 또 종이 반 장을 덧붙여서 이곳에 있는 생원과 진사를 차례로 쓴 뒤에 소두의 이름을 다시 쓰면 어찌 안 될 것이 있겠소?"라고 하였는데, 곧바로 재소인(裁疏人: 상소문 작성자)에게 나 한 사람의 이름 쓴 자리를 오려 내고 다른 종이를 덧붙여 잇고서 다음날 아침을 기다렸다가 이름을 쓰도록 하였다. 소초 베끼기를 마치고 진생(陳生: 진탁)이 말하기를, "나는 이미 소초를 베꼈으니 무엇을 피할 것이 있겠습니까?"라고 하면서 이내 그의 이름을 썼다.

얼마 지나지 않아 목사(牧使: 한술)가 의관을 갖추고 나와서 황진사(黃進士: 황정간)를 전별하였고, 이하의 사람들은 그 자리를 피해 나가서 술을 다 마시고 나니 또 종이와 먹을 전별하는 선물로 많이 주었다. 해가 질 무렵이 되자, 공직(公直, 협주: 황정간의 字) 등이 또 술자리를 베풀었는데 조희인(曺希仁) 군과 정숙(鄭俶) 군이 참여하였다.

二十九日。

黃進士庭幹[115]來。進士，留待疏行，以疏行遲滯，還其家，至是又來。諸員議寫疏，以寫疏之地不便。於是，至客舍，以寫之，牧使韓述[116]，送寫疏筆墨。牧使於昨日，已送秋露[117]一盆，鷄五首，

115 黃進士庭幹(황진사정간): 黃廷幹(1558~1642)의 오기. 본관은 長水, 개명은 時幹, 자는 公直. 黃贇의 아들이다. 1605년 진사시에 합격하였다.

116 韓述(한술, 1541~1616): 본관은 淸州, 자는 子善, 호는 陶谷. 韓知源의 아들이다. 1570년 사마시에 합격하고, 1580년 알성 문과에 급제하였다. 예조정랑, 해주목사, 정주목사, 영흥부사, 상주목사 등을 지냈다. 상주목 관아 객사 商山館 옆의 枕泉亭을 보면, 鄭崑壽(1538~1602)가 1577년에 건립하였는데, 1592년 임진왜란 때 소실된 것을 1612년 목사 韓述이 중건하고 1614년 목사 康福誠이

瓜一盤, 大口魚五尾, 至是, 又設點心焉。旣改疏於此, 則此處士友之名, 不可不題, 以是通于座中, 座中難之。余曰: “已拜之疏, 來此, 改之者, 爲與僉兄共之也。僉兄同議改疏, 而至於題名, 則莫我肯從, 是未可知也.” 黃進士曰: “旣書疏頭之名, 而次書生員若干人, 次書進士若干人, 後書幼學, 則在此生進, 何所題其名乎?” 余曰: “姑割疏頭之名, 又以半紙粘, 連書在此生進, 而後還書疏頭之名, 何所不可?” 乃使裁疏人, 割去余一人之名, 以他紙粘連, 待明朝題名矣。寫疏畢, 陳生曰: “吾已寫疏, 何避之有?” 乃書其名。未幾牧使, 具冠帶出, 餞黃進士, 以下出避之飮畢, 又多以紙筆墨爲贐。黃昏, 公直【庭幹[118]字】等, 又設酌, 曺君熙仁[119]·鄭君俶[120], 參焉。

5월 30일。

아침에 의당 이름을 써야 했는데, 황진사(黃進士: 황정간)가 말하기를, “나는 김무회(金無晦: 金無悔의 오기, 협주: 金知復의 字)와 같은 직임인데도 김무회가 이곳에 있지 않으니, 같은 직임과 상의하지

天香亭으로, 1693년 목사 李恒이 二香亭으로 개명하였다. 강복성은 1614년 9월에 상주목사로 부임하였다.

117 秋露(추로): 秋露白. 가을철에 내리는 이슬을 받아 빚은 淸酒.

118 庭幹(정간): 廷幹의 오기.

119 曺君熙仁(조군희인): 曺希仁(1578~1660)의 오기. 본관은 昌寧, 초명은 純仁, 자는 汝善, 호는 默溪. 曺夢臣의 아들이고, 曺友仁의 형이다. 1616년 생원시에 합격하였고, 1627년 식년 문과에 급제하였다.

120 鄭君俶(정군숙): 鄭俶(1584~?). 본관은 淸州, 자는 謹甫. 鄭士毅의 아들이다. 1624년 생원시에 합격하였다.

않고서 나의 이름만 쓸 수 있겠는가?"라고 재삼 말했으며, 게다가 상사(上舍) 조광벽(趙光璧)이 말하기를, "이름을 쓰는 것은 불가할 것이 없소. 그러나 나는 역심을 품은 사람(역자주: 趙石龍)과 이름이 같은지라 아직 예조(禮曹)에 소장을 올리기 전이니 고쳐야겠는데, 본명을 쓴다면 이와 같은 불가한 일이 있을 것이고, 고친 이름을 쓴다면 통하지 않을 것인데도 사사로이 자작으로 고쳐 소장에 쓰는 것 또한 불가한 일이지만 반드시 내 이름을 쓰고 싶소. 여러 형들은 도성으로 올라갈 때 나의 개명으로 쓰여진 소장을 가지고 가 예조에 올려서 인출(印出)하기를 기다린 후에 상소를 올리는 것이 어떠하오?"라고 하자, 마침내 허락하였다.

그러나 진군(陳君: 陳琢)이 이미 자기집으로 돌아갔기 때문에 여러 사람들이 황진사(黃進士: 황정간)를 쓸 수 있을 것으로 여겼다. 그리하여 여러 사람의 이름 아래에는 유학(幼學) 10여 명을 쓰고, 또 이어 붙인 반 장의 종이 위에는 진사 조광붕(趙光珊, 협주: 개명)을, 생원 성여신(成汝信)의 다음에는 생원을 나이순으로 써서 소두(疏頭) 아래에 차례로 두었다. 또한 생원 김극함(金克諴)을 조광붕의 다음에 썼으나, 황진사(黃進士: 황정간)는 그의 이름을 쓰지 않았다. 여러 사람들이 억지로 쓰게 할 수 없음을 알고 소장(疏狀)을 봉하려고 하자, 황진사가 급히 말하기를, "조광벽 친구가 고친 이름으로는 아직 위로 통하지 않을 터인데도 오히려 썼으니, 나를 작은 혐의 따위로 의심하지 않을 것인데 이름을 쓰지 않을 수 있겠소?"라고 하고서 또한 그의 이름을 썼다. 나의 이름만 쓰지 않고 있다가 함창(咸昌)의 사우(士友)들이 이름 쓰기를 기다린 후에야 나의 이름을 썼다.

술을 두어 순배 마시고 떠났는데, 먼저 담복(擔僕)에게 도중에 아침밥을 준비하도록 하였지만, 담복은 명을 어기고 곧장 함창으로 들어가고 말았다. 그래서 날이 저물도록 굶주림을 참았는데, 날씨마저 가랑비까지 흫 뿌려서 공건지(公乾池: 恭儉池의 오기)의 송정(松亭)에서 물을 바라보며 아침밥을 먹기에 딱 알맞았으나 그냥 지나쳐야 했으니 담복이라는 녀석을 몹시 미워함이 어떠했겠는가? 여러 사람들과 죽을 조금 먹고 향교(鄕校)에 이르러서야 아침밥을 먹었다.

같은 해의 과거에 같이 급제한 조우신(趙又新)은 이 고을 사람인데 애초에는 소장을 가지고 같이 가기로 했으나 아들의 병 때문에 가지 못하고 단지 이름만 적었으며, 장붕한(張弸翰) 군의 자(字)는 군거(君擧)로 영천(榮川: 영주) 사람인데 배소원(陪疏員)으로서 이곳에 머무르며 기다리고 있었다. 장군(張君: 장붕한)이 말하기를, "영천에서 문경(聞慶)으로 와 머물며 기다리다가 다시 문경에서 이곳으로 와 머물며 기다린 지 10여 일이나 되어 군색함이 자못 많소이다."라고 하였다. 이에, 이봉일(李奉一)이 용궁(龍宮)의 무명 3필을 내주었다. 조극신(趙克新)의 자(字)는 여수(汝修)로 조진사(趙進士: 조우신)의 형인데, 그의 동생을 대신하여 소장을 가지고 가기로 하였다. 조군(趙君: 조극신)은 함창이 피폐한 고을이기 때문에 홀로 노자를 마련해 보내는 것 또한 감당할 수가 없어서 또 3필을 내주었다. 조진사(趙進士: 조우신) 등이 술자리를 베풀었고, 마포원(馬包院)에서 묵게 되었다.

막 자려는데, 정시남(鄭是南)이 나에게 말하기를, "이봉일은 소두(疏頭: 이유열)가 만약 병으로 그만두면 진사 유경갑(劉敬甲)을 대신 소두로 삼으려 한다고 하니, 당신의 생각으로는 어떠합니까?"라고 하였다. 내가 말하기를, "사람들은 모두 소두를 하면 재앙의 그물에 걸린다고 여겨 피하였지만 나는 홀로 피하지 않았다."라고 하였으니, 스스로 처신한 것이 소략했다고 할 만하다. 정군(鄭君)은 일초(一初, 협주: 유경갑의 字)가 사양하지 않으려 한다고 말했지만, 어떻게 그러하겠으며 어찌 그럴 수가 있겠는가.

나는 치질(痔疾)을 앓은 지 오래되었다. 김산(金山)에 있었을 때 이미 일초에게 사양했으나 일초가 응하지 않았고, 어제부터 오늘까지 또한 누차 언급했으나 일초는 모두 기꺼이 따르지 않았으니, 내가 굳이 사양하지 않으려는 것이 아니었다. 그리고 지난날에 앓던 병이 지금 나았다고 하더라도 병이 없는 것을 가지고 병이 있다고 했겠는가. 병이 없었는데도 병이 있었다고 한 양으로 마치 화를 입을까 두려워서 그리했다면, 하도(下道)의 여러 사람들이 처음 정한 뜻에 어그러짐이 있을 뿐만 아니라 또한 마음에도 부끄러움이 있을 것이며, 오직 마음에만 부끄러울 뿐 아니니 훗날 휘원(輝遠: 정온)을 대하기에 떳떳한 도리로 어찌 또한 상소에 참여했겠는가? 몇 사람은 모두 휘원의 더할 나위 없는 아주 친한 이들이니, 또한 친족이라야만 소두가 될 수 있단 말인가.

三十日。

朝當題名, 黃進士曰: "我與金無晦[121]【知復字】爲同任, 無晦旣不在此, 則不與同任議, 而書吾名可乎?" 再三言, 又趙上舍光璧[122]曰: "題名非不可矣。而吾與逆人同名[123], 尙未呈禮曺, 改之, 以本名書之, 則有如是之不可, 以改名書之, 則不達而私自改之以書於疏, 亦不可也, 必欲書吾名。僉兄上洛, 以吾改名之狀, 呈禮曺, 印出後, 呈疏何如?" 遂許諾。而陳君已還其家, 諸員以黃進士爲可書。於是, 書幼學十餘人於衆名之下, 又於粘連半紙上, 書趙進士光珊【改名】, 於生員成汝信之次, 生員以年高, 次在疏頭下也。又書金生員克諴[124]於趙之次, 而黃進士則不書其名矣。諸員知不可强, 將以封疏, 黃進士遽曰: "趙友以所改之名, 時未上達, 而猶且書之, 不疑我以少嫌, 而不書可乎?" 於是, 亦書其名。獨余之名則不書, 以待咸昌[125]士友題名, 而後書之矣。飮數巡行, 先使擔僕爲朝飯於中路, 擔僕違令, 直入咸昌。日晏忍飢, 天又微雨馳過, 公乾池[126]松亭臨水, 可合朝飯, 而以至虛過, 僕夫之痛懀, 何

---

121 無晦(무회): 無悔의 오기.

122 趙上舍光璧(조상사광벽): 趙光璧(1566~1642). 본관은 豊壤, 자는 汝完, 호는 北溪. 趙壽福의 아들이다. 柳成龍의 문인이다. 1606년 진사시에 합격하였다.

123 逆人同名(역인동명): 趙石龍이 아명은 趙悅이고 또 다른 이름은 趙光璧이라 하여 친국까지 한 사실을 염두에 표현. 《光海君日記》 1612년 3월 16일 12번째 기사, 4월 22일 4번째 기사, 5월 6일 4번째 기사, 5월 7일 5번째 기사가 참고된다.

124 金生員克諴(김생원극함): 金克諴(1581~1635). 본관은 昌原, 자는 信伯, 호는 竹軒. 상주 출신이다. 金鍊의 아들이다. 1606년 생원시에 합격하였다.

125 咸昌(함창): 경상북도 상주시 북동부에 있는 고을. 북동쪽은 문경시, 남쪽은 사벌국면, 서쪽은 이안면·공검면과 접한다.

126 公乾池(공건지): 恭儉池의 오기. 공갈못은 삼한시대에서 고령가야시대에 축조된

如? 與諸員飮糜少許[127], 至鄕校而朝飯焉。同年趙又新[128]縣人也, 初欲陪疏, 而以子疾不果, 但題名, 張君弸翰, 字君擧, 榮川人也, 以陪疏員, 留待于此矣。張君曰: "自榮川留待于聞慶, 自聞慶留待于此, 十餘日, 所窘頗多." 於是, 李奉一以龍宮[129]資木三匹給之。趙克新[130], 字汝修, 趙進士之兄也, 代其弟陪疏。趙君以咸昌殘邑, 獨當資送, 亦所不堪, 又以三匹給之。趙進士等設餞酌, 宿馬包院[131]。將寢, 鄭是南語余, 曰: "奉一以爲, 疏頭若以疾辭, 則劉進士敬甲, 欲代之云, 於尊意何如?" 余曰: "人皆以疏頭爲禍網而避之, 余獨不避." 可謂自處之踈也。鄭君謂一初【敬甲字】, 欲不辭云, 其然? 豈其然乎? 余有痔疾久矣。在金山時, 已辭於一初, 而一初不應, 自昨日至于今日, 而亦累及之, 而一初皆不肯, 余非不欲辭之固。而昔疾今愈, 其可以無疾爲有疾乎? 無疾而爲有疾, 有若畏禍然, 則不惟違於下道諸員初定之意, 亦將有愧於心。不惟愧於心而已, 其如他日, 輝遠面目, 何且參疏? 若干人皆是輝遠之切親, 而又以親屬爲疏頭可乎?

것으로 알려져 있다. 동쪽은 함창읍, 북쪽은 이안면, 서쪽은 은척면·외서면·사벌면과 접한다.

127 少許(소허): 얼마 안 되는 적은 분량.

128 趙又新(조우신, 1583~1650): 본관은 漢陽, 자는 汝揖, 호는 白潭. 趙相의 둘째 아들이다. 1613년 진사시에 합격하고, 광해군의 폐모론에 반대하여 정인홍·이이첨·유희분의 3賊臣을 참할 것을 주장하는 소를 올렸으나 받아들여지지 않자 仕宦을 단념하고 향리에 은거하였다.

129 龍宮(용궁): 경상북도 예천군 용궁면 지역.

130 趙克新(조극신, 1573~1625): 본관은 漢陽, 자는 汝修. 趙相의 첫째 아들이다. 直長을 지냈다.

131 馬包院(마포원): 경상북도 문경시 문경읍 마원리에 있던 객관.

6월 1일。

문경(聞慶)의 화곡원(火谷院)에서 아침밥을 먹었다. 나와 정군(鄭君: 정시남)은 그 화곡원이 누추하게 시냇가에 있는 것을 싫어하여 비가 그치지 않고 내리는데도 도롱이를 입고서 풀밭에 앉아 있는데, 사인(舍人) 정호서(丁好恕)가 지나갔다. 사람을 시켜 배소원(陪疏員)이 이곳에 있는 연유를 알리자, 정호서가 말에서 내려 갔다.

용추(龍湫)에 이르니 물과 암석으로 뛰어난 풍광이 아름다워 말에서 내려 두루 구경하였다. 술을 두어 순배 마시고 안보역(安保驛)에서 묵었다.

六月初一日。

朝飯于聞慶火谷院。余與鄭君, 惡其院陋在溪邊, 雨下不止, 簑衣草坐, 丁舍人過之。使人告陪疏在此之由, 丁下馬而去。到龍湫[132], 美其泉石之絶勝, 下馬周覽。飮數巡, 宿安保驛[133]。

6월 2일。

수교촌(水橋村)에서 아침밥을 먹었다. 길에서 짐수레 끄는 자를 만났는데, 류기(柳器: 고리짝) 및 살림 도구를 실었다. 그 중의 하나

---

132 龍湫(용추): 경상북도 문경 새재에 있는 용추 계곡. 충청북도 괴산군과 경상북도 문경시의 경계를 이루면서 소백산맥 고지에 천혜의 비경을 간직한 大耶山에 있는데, 주흘관과 조곡관의 중간 지점에 있는 폭포이다.

133 安保驛(안보역): 충청북도 충주 수안보면 안보리 음지말에 있었던 역참. 安富驛으로도 표기된다. 남쪽으로는 소조령과 조령을 넘어 문경으로 통하고, 북쪽으로는 수안보를 지나 충청감영이 있던 충주로 연결되는 교통의 요충에 해당한다.

는 정별감댁(鄭別監宅)이라는 네 글자가 쓰여 있었는데, 여러 사람들이 말하기를, "듣건대 충원 현감(忠元縣監)이 지금 고향으로 돌아간다고 하더니, 이것은 그 짐바리가 아닌가?"라고 하였다. 정별감이라고 쓴 것은 여러 친척들에게 나누어 주려는 것으로, 이는 수령의 규례(規例)이다.

얼마 뒤에 두 개의 가마가 번득이며 지나가는데, 바로 충원 현감의 부자(父子)였다. 말에서 내려 인사 나누기를 마치고 소초(疏草)를 가져다 보고는 가수(假手: 남의 손을 빌림) 두 글자를 가리키고서 깨우쳐 밝히며 말하기를, "좋소이다. 좋소이다."라고 하였다. 현감의 성은 강씨(姜氏)요, 이름은 익문(翼文), 자는 군우(君遇), 합천(陜川) 사람이다. 그의 아들 강대진(姜大進: 姜大遂)는 정언(正言)으로서 정온(鄭蘊)의 무죄를 밝혀 구원하려다가 이미 문외출송(門外出送) 되는 형벌을 받았다. 현감을 따라오는 자는 바로 강대진의 동생[姜大適]이었다.

우리 일행이 모두 배를 구하여 가려고 했는데, 현감이 이에 지공(支供: 필요 물품) 및 선구(船具: 배에서 쓰는 기구)를 마련하도록 향소(鄉所)와 하리(下吏: 아전)들에게 알렸다. 서로 작별하고 객사(客舍)에 이르니 날은 이미 한낮이 되었다. 행차의 소주를 가져다 마셨는데, 태반을 하인들이 몰래 마셨다.

初二日。

朝飯于水橋村[134]。路逢輜重[135]者， 載柳器及什物。其一書鄭別監宅四字，諸員曰："聞忠元[136]縣監，今當歸覲[137]，此非其卜馱歟?"

其書鄭別監者, 欲以分諸親戚也, 此守令之例也。俄而, 雙蓋翻翻, 乃忠元父子也。下馬敍暄凉畢, 取疏草觀之, 指假手二字, 發明處曰: "好哉好哉" 縣監姓姜, 名翼文[138], 字君遇, 陜川人也。其子大進[139], 以正言, 伸救鄭蘊, 已被門外出送[140]之譴矣。其隨縣監行者, 乃大進之弟[141]也。一行皆欲邀船以行, 縣監於是, 區劃其支

---

134 水橋村(수교촌): 충청북도 충주시 수안보면 水回里인 듯.

135 輜重(치중): 輜는 의복 따위 가벼운 물건, 重은 무기 따위 무거운 물건을 뜻하는데, 짐수레를 의미함.

136 忠元(충원): 조선시대 忠州牧에 속한 郡의 이름.

137 歸覲(귀근): 歸省. 고향으로 돌아가거나 돌아옴. 고향에 돌아가서 부모님을 찾아뵘.

138 翼文(익문): 姜翼文(1568~1648). 본관은 晉州, 자는 君遇, 호는 戇菴. 합천 출신. 姜世倬의 아들이다. 1589년 진사시에 합격하고 1606년 증광 문과에 급제하였다. 1613년 계축옥사가 일어났고 1614년 鄭蘊이 永昌大君의 처형이 잘못임을 상소하였다가 대역죄로 몰려 사형이 논의되자, 병을 핑계하여 사직하였다. 1618년 장남 姜大遂가 사간원에 있으면서 쟁론하다 유배되자 충원현감으로 좌천되었다. 아들을 姜大遂, 姜大適, 姜大延을 두었고, 李汝漢, 鄭惟熟에게 시집간 딸이 있다.

139 大進(대진): 姜大遂(1591~1658)의 초명. 본관은 晉州, 자는 勉哉·學顔, 호는 春磵·寒沙·靜窩. 姜翼文의 장남이다. 1610년 생원·진사시에 합격하고 1612년 증광 문과에 급제하였다. 정온을 구하는 소를 올렸다가 평소에 반목하던 鄭仁弘의 모함으로 삭직당하고 회양에 유배되었다.

140 門外出送(문외출송): 門外黜送. 죄지은 사람의 관작을 빼앗고 도성 밖으로 추방하던 형벌.

141 大進之弟(대진지제): 姜大適(1594~1678)을 가리킴. 본관은 晉州, 자는 學仲, 호는 鷗洲. 姜翼文의 차남이다. 1612년 사마시에 합격하였으나, 1613년 계축옥사로 인해 관직에는 나아가지 못하였다. 당시 桐溪 鄭蘊이 상소를 올려 영창대군에 대한 처리가 잘못된 점을 밝혔다가 死罪로 논해지자, 형인 강대수가 정온을 옹호하여 먼 곳으로 귀양을 가게 되었다. 비슷한 시기에 아버지 강익문도 유배되었으므로 강대적 역시 출사하지 않았고, 고향인 합천에 은거하면서 학문에 정진하고 후진 양성에 힘을 쏟았다.

供及船具, 使通于鄕所及下吏。相拜別, 至客舍, 日已午矣。取行次燒酒以飮, 太半爲下人所竊飮矣。

6월 3일。

금탄(金灘: 충주 소재)에서 배를 탔다. 사람을 시켜 강가의 자갈돌 가운데 작은 둥근 돌을 주워 오게 하여 바둑을 두는 것으로 소일거리를 삼았다.

도원촌(桃源村)에 이르자 날이 이미 저물었다. 뱃사공이 작은 살구나무를 들추어내고 마을 입구로 들어갔는데, 고향의 맛이 있었기 때문에 배를 묶어 두고 누워 잤다.

初三日。

乘船于金灘。使人取江磧中小石圓, 而如碁者, 以爲消日之資。至桃源村[142], 日已暮矣。舟人摘小杏子, 以進入口, 有故鄕味, 因繫船而枕籍焉。

6월 4일。

벽사(壁寺: 여주 신륵사) 아래에 정박하고 배에서 내려 얼마 있다가 절에 올라 두루 둘러보니, 사우(寺宇) 한 채가 새로 지어졌고 풀들이 우거져 곁을 둘렀는데 옛 누대는 황폐했어도 높이 솟은 나무의 그늘이 짙디짙어 층층이 옥탑인 데다 인적이 드문 금불상의 빛이 번쩍번쩍 찬란하여 하늘에 닿았는데, 벽에 기대어 돌과 바위

142 桃源村(도원촌): 경기도 양평군 청운면 도원리

들의 기괴함과 터를 잡은 곳의 그윽하고 널찍함을 눈으로 보는 것은 드문 일이라서 마음속으로 머물러 완상하고 싶었다. 그러나 뱃사공이 떠나기를 재촉하고 하인들도 늦었음을 알려서 천천히 걸어 배로 돌아왔는데, 서계철(徐繼哲) 한 사람만 나를 따라오는 자였다.

아, 전란을 겪은 후에도 좋은 경치가 이와 같이 더할 수 없이 맑고 깨끗한데, 하물며 전란을 겪지 않았을 때임에랴. 사방을 둘러보니 인적이 드물고 한 승려만 있어서 온전했던 성대한 경치를 묻고자 했으나 갈길이 바빠 겨를이 없었다. 구름과 물 어우러진 경치를 묘사하려 했으나 시 짓는 재주가 졸렬하여 그려내기 어려워 마음이 답답하였다. 배안에서는 급한 여울이 쏴아 하는 소리만 들렸고, 못질을 해 놓은 바둑판 위를 가끔 보면 작은 돌들을 번갈아 자유자재로 두고 있었다. 조각배가 갑자기 나는 듯 천 봉우리를 지나니 날개가 돋은 듯 가는 대로 내버려 두었다. 고즈넉한 온갖 풍경이 빼어남을 다투어 두 눈에 펼치니, 황홀하기가 마치 밝은 옥구슬을 꺼내어 배열해 놓은 듯하여 마음껏 보았다.

얼마 뒤에 노를 맡은 자가 급히 소리쳤는데 마치 어영차와 같은 것으로 그 소리가 점점 급해졌다. 노를 저어 날 듯이 하여 사나운 물결이 뱃전 치는 곳을 서둘러 지나갔지만, 배가 요동치며 가서 곧 전복될 듯하였다. 대체로 여울은 평소에도 험해서 어렵사리 건너는 것이었다. 이윽고 묻기를, "그것은 무슨 소리인가?"라고 하니, 대답하기를, "거슬러 밀려오는 물결을 꾸짖는 것입니다."라고 하였는데, 그 말이 관례였다. 한번 험한 파도를 경험했지만, 배안의 사람들은 뱃사공 덕분에 편안해졌다. 이윽고 날이 저물어 강물 한가운데서 묵었다.

初四日。

下船于壁寺[143]下，因上寺周覽，一宇新創，豊草傍繞，古臺荒廢，雲樹陰濃，層層玉榻，文陸離[144]而干宵，寥寥金佛光照耀，以倚壁巖石之奇怪，基地之幽曠，目所罕見，心欲留玩。而棹夫促行，僕夫告晚，緩步還舟，徐繼哲一人，其從我者也。噫！經亂後勝致[145]，有如是淸絶，況未經亂者乎？四顧人稀，一介僧存，欲問全盛事，行迫無暇。欲寫雲水景，詩拙難模鬱鬱[146]。舟中惟聞急湍之淅瀝[147]，釘釘局上時看，小石之交錯自在。一葉倏飛過於千峯，疑是生羽翰[148]而任所之。蕭森萬景，爭獻奇於雙眼，怳若列明珠，而恣意觀也。俄而，主櫓者疾呼，有若呼耶[149]者，而聲轉急矣。引棹如飛，急急然經過之惡浪打舟，舟行搖蕩，如將覆焉。蓋灘之素險而難濟者也。因問曰：“其聲何？”對曰：“叱逆波[150].”其辭例也。一經險濤，舟中之人，賴以安焉。因日暮，中流而宿。

---

143 壁寺(벽사): 神勒寺가 벽돌로 만든 데서 부르는 이름. 報恩寺라고도 하는 신륵사는 경기도 여주시 북내면 鳳尾山에 있는 사찰이다.

144 陸離(육리): 빛이 뒤섞여 눈부시게 아름다움.

145 勝致(승치): 좋은 경치.

146 鬱鬱(울울): 마음이 펴이지 않고 답답함.

147 淅瀝(석력): 비나 눈이 내리는 소리.

148 羽翰(우한): 날개.

149 呼耶(호야): 여럿이 힘을 합칠 때나 서로 보조를 맞출 때 내는 소리. ‘어영차, 어영차’하는 소리를 말한다.

150 逆波(역파): 逆浪. 역풍으로 인하여 거슬러 밀려오는 물결.

6월 5일。

배가 여주(驪州)와 광주(廣州)를 지났다. 때마침 순사(巡使) 정대호(鄭大護)가 여주에 들어왔는데, 여주 선비의 아들이 갖춘 두건과 의복에 관한 까닭을 조사하여 올리는 일 때문이었다. 조극신(趙克新) 군이 서로 아는 사람이라 만났다가 이내 돌아왔다.

한곳에 이르니 집이 산봉우리의 중턱에 우뚝하게 있었는데, 바로 서원(書院: 沂川書院)이었다. 본래 김모재(金慕齋: 김안국)를 위해 세웠지만, 회재(晦齋: 이언적)가 모재로부터 가르침을 받아서 스승과 제자 사이인데도 모재를 도학(道學)으로 보아 주벽(主壁)으로 삼아야 한다고 하는가 하면 회재를 주벽으로 삼아야 한다고 하는 의론이 일치하지 않아서 이때 봉안하지 못하였다.

날이 저물어 배를 두미포(豆尾浦)에 정박하고 인부와 말을 불러 모았지만, 인부와 말은 과연 여기에 그칠 뿐이었다. 노를 맡은 자가 인사하고 돌아가는데, 여러 사람들이 말하기를, "배는 비록 관아에서 우리들에게 준 것이나 순조로이 건널 수 있었던 것은 노를 맡은 이의 공이다."라고 하면서 무명 1필을 주었다.

初五日。

船過驪州[151]·廣州[152]。時巡使鄭大護，入驪州，州士子巾服，以

---

151 驪州(여주): 경기도 남동단에 있는 고을. 동쪽은 양평군·강원도 원주시·충청북도 충주시, 서쪽은 이천시, 남쪽은 이천시·충청북도 음성군, 북쪽은 양평군과 접한다.

152 廣州(광주): 경기도 중남부에 있는 고을. 동쪽은 여주시, 서쪽은 성남시, 남쪽은 용인시·이천시, 북쪽은 하남시와 한강을 경계로 남양주시와 접한다.

進其故事也。趙君克新, 邀相識人, 須臾而還。至一處, 有閣屹然於峯腰, 乃書院[153]也。本爲金慕齋[154]設, 而晦齋[155]受業於慕齋, 以師弟, 則慕齋爲主壁以道學, 則晦齋爲主壁, 議論不一, 時未奉安矣。日暮, 泊舟豆尾浦[156], 招集人馬, 人馬果止於此, 主櫓者辭歸, 諸員曰: "船雖官給吾輩, 利涉主櫓之功也." 以一匹木給之

6월 6일。

여러 사람들과 함께 강가의 시골집으로 들어가 쉬었다. 시골집의 규모가 교묘하면서 굉장하였는데, 대청마루는 30여 명이 앉을 수 있었으니 일행과 마부가 좌우로 나뉘어 거처해도 널찍하여 여

153 書院(서원): 沂川書院을 가리킴. 현재 경기도 여주시 금사면 이포리에 있는 서원이다. 1580년 金安國의 위패를 모시기 위해 여주의 마암에 마암서원으로 세워진 서원이었는데 임진왜란으로 소실되자 1608년 현재의 위치에 재건된 서원이다. 조선시대 명망이 높은 이언적, 홍인우, 이원익, 홍명하 등을 배향하였으며 1625년 기천서원으로 이름을 바꾸었다.

154 慕齋(모재): 金安國(1478~1543)의 호. 본관은 義城, 자는 國卿. 1501년 생진과에 합격하였고, 1503년 별시 문과에 급제하였다. 1519년 기묘사화가 일어나서 조광조 일파의 소장파 명신들이 죽음을 당할 때, 겨우 화를 면하고 파직되어 경기도 이천에 내려가서 후진들을 가르치며 한가히 지냈다. 사대부 출신 관료로서 성리학적 이념에 의한 통치의 강화에 힘썼으며, 중국문화를 수용, 이해하기 위한 노력에 평생 동안 심혈을 기울였다.

155 晦齋(회재): 李彦迪(1491~1553)의 호. 본관은 驪江(驪州), 초명은 李迪이었으나 중종의 명으로 彦자를 더하였다. 자는 復古, 호는 紫溪翁. 사화가 거듭되는 사림의 시련기에 살았던 선비로서, 을사사화 때는 좌찬성·판의금부사의 중요한 직책으로 사림과 권력층 간신 사이에서 억울한 사림의 희생을 막으려고 노력하다가 결국 사화의 희생물이 되고 말았다.

156 豆尾浦(두미포): 斗尾浦. 지금의 남양주시 와부읍과 조안면의 경계 지점에 있는 두미마을 앞을 흐르는 강.

유가 있었다. 그 문, 창호, 벽은 미처 보수하지 못한 곳이 있었는데, 아마도 주인이 처음으로 짓고 난 뒤 소홀히 한 것이리라. 이른바 압구정(狎鷗亭)과 대군정(大君亭)도 모두 눈 아래에 놓여 있었던 것이다.

다음날 소장을 올리기로 기약하고 서계철(徐繼哲)을 보내어 단령(團領: 관원의 公服)을 구하도록 하였는데, 서계철은 진주 목사(晉州牧使) 서예원(徐禮元)의 아들이다. 목사는 전쟁터에서 적과 싸우다가 죽었으나, 서계철은 포로로 잡혀갔다가 10여 년이 되어서야 돌아와 처가살이를 한다. 동지(同知) 정종무(鄭宗武) 부부는 서로 보지 않은 지가 몇 년인지 모르겠으나, 그의 동생이 도성(都城)에 살고 있는 까닭에 서군(徐君: 서계철)이 가서 찾아보도록 하였다.

정린(鄭繗) 또한 옥인(獄人: 정온)에게 동성동본의 8촌 형제간 의리가 있어서 옥중 소식을 탐문하려는 까닭으로 서군과 함께 갔는데, 여러 사람들이 소장(疏狀)과 관련된 일을 절대로 입 밖에 꺼내지 말라고 주의를 주자, 두 사람이 "네."라고 하였다.

저녁이 되자 정창시(鄭昌詩)가 와서 엎드려 흐느끼며 말하기를, "저의 아버지를 위하여 천리나 되는 수고로운 길을 온 인정과 의리는 헤아릴 수가 없을 것이니 마땅히 감격하여 흐느낄 겨를도 없을진대, 하물며 감히 한마디 말을 무릅쓰고 드려도 여러분 들어주시겠습니까? 그러나 일에는 전혀 그렇지 않은 것이 있습니다. 저의 아버지가 지금에까지 보전할 수 있었던 것은 어느 것인들 좌상(左相: 정인홍)의 덕이 아닌 것이 없었습니다. 그런데 듣건대 합천(陜

川)의 선비들이 한 사람도 상소에 참여한 자가 없으니, 좌상은 반드시 이 소장을 옳지 못하다고 할 것입니다. 그렇다면 이 소장을 올리지 않는 것이 올리는 것보다 낫겠습니다. 말이 거듭되고 글이 중복되면 그 이해와 화복을 환히 밝게 다 진술할 것입니다."라고 하였다.

與諸員, 入寓於江上村舍。舍制巧而宏, 其廳事[157]上, 可坐三十餘人, 一行人馬, 分左右以居, 恢恢乎, 有餘地矣。其門牕戶壁, 有未及修繕者, 蓋主人始搆, 忽焉者也。所謂狎鷗亭·大君亭, 皆在眼底矣。期以翌日呈疏, 送徐繼哲索團領[158], 繼哲晉州牧使禮元之子也。牧使戰亡, 繼哲被擄十餘年, 乃還贅。於納穀[159], 同知鄭宗武夫婦, 不相見, 未知其幾年也, 其弟居城中, 故徐君往索之。鄭繗, 亦於獄人, 有同宗三從之義, 欲探獄中消息, 故與徐君偕行, 諸員戒以切勿疏事出口, 二人曰: "諾." 當夕, 鄭昌詩[160]來, 俯伏飮泣, 而言曰: "爲吾父, 千里勞行情義, 有不可量者, 所當感之不泣暇, 況敢冒一言, 以干僉聽乎? 然事有大不然者, 吾父之至今獲全[161], 何莫非左相之德也。然聞陜川士子, 無一人參疏者, 左

157 廳事(청사): 전통 가옥에서, 방과 방 사이나 방 앞을 지면으로부터 높이 떨어지게 하여 널빤지를 깔고 평평하게 깐 공간.

158 團領(단령): 깃을 둥글게 만든 公服. 모든 관원이 평소 집무할 때 착용하는 의복이다.

159 於納穀(어납곡): 문맥상 그 의미를 알 수 없어 번역하지 않음.

160 鄭昌詩(정창시, 1590~1651): 본관은 草溪, 자는 鳴周, 호는 絲川. 정온의 장남이다. 自如道察訪, 尙衣院直長을 지냈다.

161 獲全(획전): 보전함.

相必以此疏爲不可也。然則此疏之不呈，有愈於呈，言之重，辭之複，其利害禍福，昭昭然，畢陳矣.”

6월 7일。

밤새도록 큰비가 내렸다. 정시남(鄭是南)은 직장(直長) 하자경(河子敬: 河惺)과 동향인으로서의 도리가 있어서 만나보지 않을 수 없었으므로 정창시(鄭昌詩)와 함께 말고삐를 나란히 하여 도성으로 들어갔다.

정창시가 저녁에 와서 묵었는데, 일초(一初: 유경갑)·이봉일(李奉一)·정린(鄭縯)과 함께 한밤중에 이르기까지 은밀히 이야기하며 모두 상소 멈추는 것을 주장하였다. 좌중에서 말하기를, “생원이나 진사를 소두(疏頭)로 삼으면 관인(館人: 객관 소속 하인)이 와서 인도하지 않을 수 없다.”라고 하였다. 이에, 일초에게 패자(牌子: 일종의 편지)를 관주인(館主人) 득운(得雲)에게 써주어 관인이 와서 인도하도록 했지만, 객관의 여러 사람들이 대부분 상소를 불가하다고 여긴 까닭에 과연 오지 않았다.

서군(徐君: 서계철)이 돌아와서 말하기를, “단령(團領: 관원의 公服)을 벌써 얻어 놓았습니다.”라고 하였으며, 정시남이 이어서 돌아와서는 자경(子敬: 하성)의 말을 들으니 자경이 나를 소두에서 피하게 하려 한다고 하였다.

初七日。

終夜大雨。鄭是南，於河直長子敬[162]，有同鄕之義，不可不見，故與昌詩, 連轡入城。昌詩, 昨來而宿, 與一初·李奉一·鄭繗, 到夜分密語, 皆主停疏也。座中曰: "生進爲疏頭, 則館人[163]不可不來導." 於是, 使一初書牌子[164]於館主人得雲, 使之來導, 館中諸人, 多以疏爲不可, 故果不來。徐君至曰: "團領已索之矣." 是南繼至, 聞子敬之言, 則子敬欲使余避疏頭云。

6월 8일。

진사 형효갑(邢孝甲)이 객관에서 와 큰 소리로 말하기를, "지금의 여론이 일치하지 않다."라고 하였는데, 처음부터 끝까지 말한 바는 대체로 상소를 멈추라는 것이 위주였다. 한찬남(韓纘男)과 오여온(吳汝穩)의 일을 자못 상세하게 언급하고는 또 말하기를, "성상(聖上: 광해군)은 매양 좌상(左相: 정인홍)의 출처를 물었고, 관리들을 임명할 즈음엔 대북인(大北人)이 아닌 관리의 후보자에 대해

---

162 子敬(자경); 河憕(1571~1640)의 字. 본관은 晉陽, 호는 竹軒. 河魏寶(1526~1591)의 첫째 부인은 李綸의 딸 泗川李氏인데, 그 사이에서 태어난 아들로, 7자가 된다. 숙부인 河晋寶(1530~1585)에게 입양되었는데, 하진보는 사위가 鄭沆이니 鄭仁弘과 사돈이다. 1592년 임진왜란이 일어나자 경상남도 창녕 火旺山城으로 郭再祐를 찾아가 군무를 도와 공을 세웠다. 1597년 정유재란 때는 아우 河恬이 왜군에게 포로가 되어 일본으로 끌려가자 각지로 다니면서 아우의 구출을 호소하여 19년 만에 송환시켰다. 1614년 인목대비 폐모론이 일어나자 가까웠던 지기 鄭蘊과 함께 적극 반대하였으며, 이후 북인들의 횡포가 극에 달하자 1622년에는 당시 권신 李爾瞻과 鄭仁弘을 단죄하여 국정을 바로잡을 것을 상소하였다.

163 館人(관인): 조선시대 성균관에 소속된 하인.

164 牌子(패자): 존귀한 신분의 사람이 비천한 신분의 사람에게 써서, 서리나 노복을 시켜 보내는 편지.

서는 반드시 후보자의 명단을 고쳐 올리도록 하교한다."라고 하였으며, 또 말하기를, "단성(丹城) 이생원(李生員: 이유열)이 소두(疏頭)가 되었다는 소식을 들은 자들은 그 이생원을 이각(李慤)인 것으로 의심하여 모두 함양(咸陽)에서 사주한 것으로 지목하였으니, 함양의 일은 거의 위태롭게 되었다."라고 하였다. 아마도 함양에 새로이 제수 된 자[咸陽新授: 李大期]가 남쪽으로 내려와 상소하기 위한 회합을 가진 것 또한 이때에 있었기 때문일 것이다. 내가 말하기를, "그렇다면 많은 선비의 상소를 어찌 폐할 수 있겠소."라고 하자, 형효갑이 말하기를, "내가 장차 광창부원군(廣昌府院君, 협주: 이이첨)을 만나 보고 그의 말이 어떠한지 들으려 합니다. 그러나 광창부원군이 상소한 유생들의 말을 들으러 올지 여부는 알 수가 없습니다."라고 하니, 일초(一初: 유경갑)가 말하기를, "윤참지(尹參知: 尹銑)가 이응남(李膺南, 협주: 李會一의 字)을 통해 소초(疏草)를 볼 수 있었다면 광창부원군도 어찌 알지 못할 리가 있겠습니까? 우리들이 온 것 또한 반드시 알 것입니다."라고 하였다. 형효갑이 또 말하기를, "소두의 의복은 추해서 안 되며, 정승훈(鄭承勳)처럼 하지 말아야 하니 대체로 정상사(鄭上舍: 정승훈)가 왕년에 소두가 되겠다고 하여 조롱을 자초하였습니다."라고 하였다.

형효갑 군이 나가자, 일초가 나에게 이르기를, "많은 선비들이 참여한 상소는 많은 선비들의 공론(公論)이니 우리는 소장을 올려야 합니다. 비록 죽음이 닥치더라도 올리지 않을 리가 만무합니다."라고 하였는데, 내가 이르기를, "형효갑 군과 휘원(輝遠: 정온)

의 사이에서 그들의 절친함이야 타인과 견줄 수 없소. 그러나 그가 말한 것을 통해 또한 이와 같이 세상일을 알 만하오."라고 하였다. 그렇지만 일초가 오늘 한 말에는 조금 의기(義氣)가 있었으니, 그는 처음부터 끝까지 할 만한 사람이다. 얼마 뒤에 정창시(鄭昌詩)가 또 와서 간청하였다.

初八日。

進士邢孝甲[165], 自館中來, 大言: "時議之不一." 終始所論, 蓋主於停疏也。言及韓纘男[166]·吳汝穩[167]事頗詳, 且曰: "聖上每問左相之行止, 其除拜[168]之際, 大北人未參望[169]者, 則必下教改望矣." 又曰: "丹城李生員爲疏頭, 聞者疑其爲李瑴, 皆以咸陽所嗾, 目之, 咸陽之事, 幾乎危矣." 蓋咸陽新授, 南下疏會, 亦在此時故也。余曰: "然則, 多士之疏, 其可廢乎?" 邢曰: "吾將見廣昌[170]【李

165 邢孝甲(형효갑, 1571~?): 본관은 晉州, 자는 誠叔. 邢鐸의 아들이다. 1610년 생원시에 합격하였고, 1616년 별시 문과에 급제하였다. 朴乾甲·劉敬甲과 함께 '大北三甲'으로 불리면서 광해군 조에 활동했는데 母后를 폐위하도록 하는 등의 글을 올리기도 하였다.

166 韓纘男(한찬남, 1560~1623): 본관은 淸州, 자는 景緖. 韓箕의 아들이다. 1605년 진사로서 증광 문과에 급제하였다. 1613년 부응교가 되어 교리 李昌俊과 함께 여러 차례 소를 올려 永昌大君의 외할아버지인 金悌男의 처벌을 적극 주장하였다.

167 吳汝穩(오여온, 1561~1633): 본관은 高敞, 자는 隆甫, 호는 洛厓. 吳澐의 장남이다. 1613년 문과에 급제하였다.

168 除拜(제배): 이조나 병조에서 예비 관리의 명단에 三望을 갖추어 임금에게 올려 결재를 받아 관직을 임명하는 것.

169 參望(참망): 조선시대에 이조나 병조에서 올린 관리 후보자 명단인 望單子에 이름이 올라가는 것. 관리의 후보자로 천거되는 일이다.

170 廣昌(광창): 廣昌府院君 李爾瞻(1560~1623). 본관은 廣州, 자는 得輿, 호는

爾瞻】欲聽其言之如何耳。然未知廣昌得聞疏儒之來否?” 一初曰: “尹參知[171], 因李膺南【會一字】得見疏草, 則廣昌豈有不知之理乎? 吾儕之來, 亦必知之矣.” 邢又曰: “疏頭衣服, 不可麤率[172], 毋若鄭承勳[173]然, 蓋鄭上舍, 往年爲疏頭, 以取譏笑.”云。邢君出, 一初謂余, 曰: “多士之疏, 多士之公論, 吾儕奉疏。雖死亡迫頭, 萬無不呈之理.” 余謂: “邪君之於輝遠, 其相切非他人比也。而其所論, 亦如是時事可知.” 然一初今日之言, 稍有義氣, 其可與終始者也。俄而, 鄭昌詩又來急乞。

觀松·雙里. 李友善의 아들이다. 1582년 사마시에 합격하고 1594년 별시 문과에 급제하였다. 1608년 광해군이 즉위하면서 일약 예조판서에 올랐다. 이어 대제학을 겸임하고 廣昌府院君에 봉해졌다. 권세를 장악한 이이첨은 정인홍과 함께 심복을 끌어들여 대북의 세력을 강화하는 한편, 臨海君 李珒과 柳永慶을 사사되게 하는 등 소북 일파를 숙청하였다. 1612년 金直哉의 誣獄을 일으켜 선조의 손자 晉陵君 李泰慶 등을 죽였다. 1613년 강도죄로 잡힌 朴應犀 등을 사주하여, 영창대군을 옹립하려 했다고 무고하게 하여 영창대군을 庶人으로 떨어뜨려 강화에 안치시키고 金悌男 등을 사사시켰다. 1614년 영창대군을 살해하고, 1617년 仁穆大妃의 폐모론을 발의해 이듬해 대비를 西宮(경운궁. 곧 지금의 덕수궁)에 유폐하는 등 生殺置廢를 마음대로 자행하였다.

171 尹參知(윤참지): 兵曹參知 尹銑(1559~1637). 본관은 坡平, 자는 澤遠, 호는 秋潭. 三嘉 龜坪에서 출생하였다. 尹彦禮의 아들이다. 1582년 진사시에 합격하고, 1588년 식년 문과에 급제하였다. 광해군이 즉위하자 이조참판에 임명되었고, 병조참판·예조참판을 역임하였다. 1613년 계축옥사로 인하여 仁穆王后가 구금되자, 위졸을 시켜 쌀과 고기를 헌납하였다. 이 일이 발각되자 윤선은 供饋를 하지 않으면 萬世에 불효의 이름을 면하지 못할 것이라고 광해군을 설득하여, 광해군이 공궤를 끊지 않게 하였다.

172 麤率(추솔): 거칠고 경솔함. 덤벙댐.

173 鄭承勳(정승훈, 1552~?): 본관은 晉州, 자는 善述, 호는 梅竹堂. 鄭密의 아들이다. 鄭承尹의 4촌동생이다. 1592년 임진왜란 때 전 봉산군수 김대명 등과 함께 의병을 일으켜 고성을 지켰으며, 1632년 成汝信 등과 함께 《晉陽誌》를 편찬하였다.

6월 9일。

연일 큰비가 내렸다. 정창시(鄭昌詩)가 또 서찰을 보내었으니, 글 내용은 상소를 멈추려는 데 불과할 따름이었다. 윤참지(尹參知: 윤선)가 또 서찰을 보내었다.

이보다 앞서, 응보(膺甫: 이봉일)가 참지를 동향의 어른으로 생각하여 먼저 찾아가 만나며 소초(疏草)를 꺼내어 보이니 참지가 극단적으로 불가하다는 뜻을 말하였는데, 장령(掌令) 배대유(裵大有: 裵大維의 오기)·한림(翰林) 오여온(吳汝穩) 또한 참지에게 편지를 써서 참지로 하여금 상소에 참여한 유생들에게 통지하여 상소를 멈추도록 하라고 하였지만 참지가 말하기를 "소두(疏頭)는 본디 남에게 굴복하지 않고 강직한 사람이니 어찌 내 말을 따르겠는가?"라고 하였다. 이것은 모두 응보가 전한 말이다. 나는 응보가 상달(上達)하지도 않은 소장(疏狀)을 전파한 데 대해 마음속으로 몹시 그르게 여겼다. 일초(一初: 유경갑)가 말하기를, "정사인(丁舍人: 정호서)이 이미 왔으니 전파된 것을 응보가 그렇게 한 뒤에야 알았겠습니까?"라고 하였다.

初九日。

連日大雨。鄭昌詩, 又投簡, 辭意不過欲停疏而已。尹參知又有投簡。先是膺甫, 以參知爲同鄕長老, 先往見之, 因出疏草視之, 參知極言不可之意, 裵掌令大有[174]·吳翰林汝穩, 亦與參知書, 欲

174 裵掌令大有(배장령대유): 裵大維(1563~1632)의 오기. 본관은 金海, 자는 子張, 호는 慕亭. 裵瑛의 아들이다. 정구의 문인이다. 1590년 사마시에 합격하고,

使參知通于疏儒, 以爲停疏, 參知曰: 疏頭素强項, 豈能從我乎?" 此皆膺甫所傳也。余以膺甫爲傳播未達之疏, 心甚非之。一初曰: "丁舍人已來, 傳播何待膺甫, 然後知之?"

6월 10일。

일초(一初: 유경갑)·응보(膺甫: 이봉일) 등이 가서 윤참지(尹參知: 윤선)를 만나니 참지의 뜻은 반드시 상소하는 것을 멈춘 뒤라야만 옥인(獄人: 정온)에게 해가 없을 것으로 여겼으며, 일초 등이 또 오한림(吳翰林: 오여온)을 만나니 한림이 말하기를, "강우(江右) 지역의 사람들은 수우(守愚: 최영경)의 원한을 내암(萊菴: 정인홍)이 풀어주려 했을 때에 한 사람도 마음을 기울여 돌이켜보지 않다가, 지금 휘원(輝遠: 정온)을 위한 상소에서는 어떻게 이와 같이 한결같은 말을 한단 말인가?" 하였고, 또 말하기를, "간(諫)하는 신하를 죽였다는 잘못이야 성상께서 통촉하셨지만, 휘원이 아직 사면되지 못하고 있는 것은 역옥(逆獄)과 관련된 몇 사람이 아직 친국(親鞫)을 받지 않았기 때문이네. 이 사람들을 만약 친국하게 되면 휘원에게 너그러운 은혜를 베푸는 것이랴 의심의 여지가 없거늘, 하필이면 그 소장을 다시 올려서 재차 성상의 위엄을 범하자는 것인가? 또

1592년 임진왜란 때 의병을 모아 郭再祐를 도와 창녕의 火旺山城을 수비하였다. 1608년 司果로 별시 문과에 급제한 뒤, 1612년 사헌부지평을 거쳐 사간원정언·사헌부장령·세자시강원 보덕, 동부승지·병조참의 등을 역임하였다. 계축옥사 때 죄인을 추국하는 일에 공을 세웠고, 특히 仁穆大妃의 폐모론에 적극 참여하였기 때문에 1623년 인조반정으로 삭직되었다.

듣건대 옥인(獄人: 정온)이 형효갑(邢孝甲)에게 보낸 편지에 이르기를, '죽고 사는 것은 하늘에 달려 있다.'라고 했다니, 만약 이렇게 화를 재촉한다면 또한 원통하지 않을 수 있겠는가?"라고 하였다. 이것은 모두 일초가 전한 말이다.

내가 말하기를, "그렇다면 상소를 아직 올릴 수 없다는 것인가?"라고 하자, 일초가 말하기를, "우리들의 행차는 단지 휘원을 위한 것뿐이니, 본래 휘원을 구원하려는 것이지 도리어 화가 된다면 우리들은 내놓을 만한 면목이 없을 것입니다."라고 하였다. 내가 말하기를, "성상께서 어찌 많은 선비들이 참여한 상소 때문에 정온(鄭蘊)에게 노여움을 더하겠는가? 사람들이 이 상소를 옳지 못하다고 앞장서서 배척하는 말을 하는 까닭은 반드시 우리를 두렵게 해 겁먹도록 하려는 것이고 반드시 우리를 속여 꾀어내려는 것이네. 우리들이 이 때문에 미혹되어 천리나 되는 길을 받들어 온 소장(疏狀)을 하루아침에 만일 버린다면, 만고의 사기(士氣)가 이로부터 땅을 쓴 듯 사라져 버릴 것이며, 고삐를 잡고서 천하를 맑게 하려는 뜻을 품었던 옛길을 어떻게 얼굴을 들고 가겠는가?"라고 하였다. 일초는 전날의 의로웠던 사기가 이에 이르러 다 사라지고 말았으니, 마치 안이 좀먹은 나무가 바람이 불어 흔들리기도 전에 갑자기 부러지고 꺾여버린 격이라 탄식할 만하였다.

얼마 지나지 않아서 정창시(鄭昌詩)가 형효갑의 사사로운 편지를 가지고 왔다. 형효갑 군이 정창시에게 보낸 편지였는데, 이롭고 해로운 것을 다 말하여 정창시로 하여금 여러 모로 상소를 멈춘 뒤라야만 화를 면할 수 있다고 한 것이었다. 그래서 정창시가 왔다가 그대로 묵었다.

初十日。

一初·膺甫等, 往見尹參知, 參知之意, 以爲必停其疏, 然後獄人, 得以無害, 一初等, 又見吳翰林, 翰林曰: "江右人, 於守愚[175], 萊菴[176]伸冤時, 無一人顧見, 今於爲輝遠疏, 何如是同聲也?" 又曰: "殺諫臣之非, 聖明洞照之, 然而輝遠, 猶未見原者, 以逆獄[177]數三人, 時未及於親鞫也。此人等, 若得親鞫, 則輝遠恩宥無疑, 何必更呈其疏, 更觸天威乎? 又聞獄人, 與邢孝甲書云: '死生天也.' 若以此速禍, 則不亦冤乎?" 此皆一初傳之也。余曰: "然則, 疏未可呈乎?" 一初曰: "吾儕之行, 只是爲輝遠地, 本欲救之, 反

---

175 守愚(수우): 崔永慶(1529~1590)의 호. 본관은 和順, 자는 孝元, 호는 守愚堂. 崔世俊의 아들이다. 1589년 李大期가 최영경과 함께 河渾의 집으로 가서 金沔, 朴惺, 曺應仁, 文緯 등과 담화를 나누기도 하였는데, 10월에 鄭汝立의 기축옥사가 일어나자 吉三峯이라는 누명을 쓰고 이 사건에 연루되어 옥에 갇히는 몸이 되자 평소 그를 미워하던 鄭澈과 成渾이 위관으로 있으면서 심한 매질을 가하여 끝내 옥중에서 죽게 하였다. 그후 1594년 金宇顒과 그 친구들의 끈질긴 상소로 죄가 없음이 밝혀졌다.

176 萊菴(내암): 鄭仁弘(1536~1623)의 호. 본관은 瑞山, 자는 德遠. 鄭健의 아들이다. 曺植의 수제자로서 崔永慶·吳健·金宇顒·郭再祐 등과 함께 경상우도의 남명학파를 대표하였다. 1589년 정여립 옥사 때 정인홍은 동문수학한 최영경을 구원하려고 노력했지만 효과를 얻지 못했다. 이 사건을 계기로 동인이 남북으로 분립될 때 북인에 가담하여 영수가 되었다. 임진왜란 때는 영남 의병장으로서 많은 전공을 세웠다. 광해군 즉위를 적극 지지했고 영의정에 오른 뒤 은퇴하여 고향 합천에 살면서 대북의 막후 실력자 역할을 했다. 인조반정으로 참형되고 가산이 적몰되었다.

177 逆獄(역옥): 逆賊에 관련된 옥사.

以禍之, 則吾儕無面目可顯矣." 余曰: "聖上, 豈以多士之疏, 加怒於鄭蘊乎? 人之所以, 以此疏爲不可, 倡言排之者, 必欲恐愶乎我也, 必欲誑誘乎我也。吾輩以是爲惑, 千里奉疏, 一朝如遺, 則萬古士氣, 從此掃地, 攬轡[178]故道, 擧顔何之?" 一初, 前日之義氣, 到此銷盡, 有如內蠹之木, 不待風搖, 而遽見摧折, 可歎。俄而, 鄭昌詩持邢孝甲私簡來。蓋邢君與昌詩書, 悉陳利害, 使昌詩多般乞停, 然後可以免禍。故昌詩來, 仍宿焉。

6월 11일。

아침에 정창시(鄭昌詩)가 일초(一初: 유경갑)와 나를 이끌고 아무도 없는 곳으로 가서 형효갑(邢孝甲)의 사사로운 편지를 보여주었다.

형효갑이 광창부원군(廣昌府院君: 이이첨)에게 나아가 만나니 대간(臺諫: 대관과 간관)들이 이미 광창부원군의 집에 와 있었는데, 장자(長者)답지 않은 자가 정온(鄭蘊)의 무죄를 밝혀 구원한다면서 역인(逆人)을 세 조목으로 비호하기 때문에 소장(疏狀) 올리는 것을 기다렸다가 입계(入啓: 임금에게 아룀)하는 일을 서로 의논하였다. 광창부원군은 형효갑이 오는 것을 보자마자 맞아들이고 말하기를, "지금 자네가 왔으니, 정온이 죽을 때가 아닌 게야."라고 하였다.

---

178 攬轡(남비): 後漢의 范滂이 冀州를 按察하러 떠날 때, 수레에 올라 말고삐를 잡고서 천하를 맑게 하려는 뜻을 품었던 고사(滂登車攬轡, 慨然有澄淸天下之志.)에서 나온 말.

형효갑이 정창시가 여러 모로 상소를 멈추도록 애걸하고 있는 뜻을 말하자, 광창부원군이 말하기를, "그 아들이 시야가 열려 지혜가 이렇게도 밝았단 말인가. 그의 애비가 죽어야 하나 죽지 않을 수 있는 것은 그 아들이 정성스러운지 정성스럽지 않은지에 달렸을 뿐이라네. 최근에 내가 조회(朝會)를 가려는데, 그 아들이 길가에 기다리고 있었으나 내가 갑자기 그를 물리쳤던 것은 내가 구원하려는 것을 번거롭게 말하고 싶지 않았기 때문이었네. 내가 휘원(輝遠: 정온)을 이미 주의(周顗)처럼 많이 구출하려 했거늘 그 아들 또한 이 사실을 알고나 있는지?"라고 하였다. 형효갑이 또 오한림(吳翰林: 오여온)도 상소 올리는 것을 극구 제지하려 한다는 뜻을 말하자, 광창부원군이 말하기를, "한림의 소견을 어찌 뜬구름 잡는 말을 하는 자와 견주겠는가?"라고 하였으니, 대체로 이것을 훌륭하게 여긴 것이다. 그 편지의 말미에 또 이르기를, "상소한 유생들이 만약 억지로 상소를 올리려 하면 그대는 소장을 숨겨야만 하네."라고 하였다. 형효갑의 편지가 이미 이와 같았으니, 정창시가 간절히 애걸하는 것이야말로 이유가 있음을 알게 되었다.

정창시가 또 말하기를, "오한림 또한 '금번 이 상소는 구원하려는 방도가 아니라 죽이려는 방도일세.'라고 한 말을 자식이 들으면 마음이 응당 어떠하겠습니까? 상소를 올리려는 일행이 도착하기 전에는 저의 부친께 아마도 불측한 화에 빠질 것이라고 했지만, 상소를 올리려는 일행이 도착한 후에는 저의 부친께 가까운 장래에 사면될 것이라고 했습니다. 이 말이 이따금 귓가에 들려와도

충분히 나의 망극한 심정을 위로해 줄 수 있었으니 여러분들의 이번 행차는 저의 부자(父子)에게 천근만근과 같은 힘이 되지만, 상소를 올리지 않는 것이 바로 절실히 구원하는 것입니다."라고 하였다. 이에, 일초(一初: 유경갑) 등이 상소를 멈추어야 한다는 의론을 더욱 주장하였지만 좌중을 동요시키기가 어려웠다.

정창시가 이미 돌아간 뒤에 내가 말하기를, "휘원이 죽거나 사는 것이 우리 같은 사람에게 무슨 상관이 있겠는가? 이미 많은 선비들의 공론(公論)을 받들어 왔으니, 내가 아는 바는 소장을 올리는 것뿐이지 이것 외에 무엇을 살펴야 한단 말인가?"라고 하자, 일초가 말하기를, "소두(疏頭)가 반드시 소장을 올리고자 한다면, 나와 이봉일(李奉一)·정린(鄭繗)은 모두 휘원의 친속(親屬: 혼인과 혈연으로 맺어진 사람)들로 인정과 의리상 진실로 단호할 수가 없으니, 나머지 사람들은 반드시 소두와 의논하는 것이 합당하오."라고 하였는데, 내가 말하기를, "가까운 친척이라서 꺼리는 것이라면 차라리 오지 않은 것이 온당하였을 것이네."라고 하니, 일초 등이 잠자코 있었다.

내가 마음속으로 생각하기를, '소장을 가지고 온 9명 가운데 일초 등 3명이 이미 나를 따르지 않고, 그 나머지 가운데서도 서계철(徐繼哲) 한 사람만 따르리라.'고 여기나 응보(膺甫: 이봉일)가 지휘한 것이었다. 정시남(鄭是南)은 시국(時局)을 이해하지 못하여 처음에 이번 상소를 옳지 않다고 한 자였다. 장붕한(張弸翰)은 인후병(咽喉病: 목구멍이 붓고 아픈 병)이 있을 때 남첨지(南僉知)로부터 침을 맞은 자였다. 조극신(趙克新)은 선비의 학업에 뜻이 없는 자였다. 오직 박영진(朴永鎭) 군만 함께 할 수 있으나 또한 베껴 쓰는 데에 서툰 자였다. 소장의 글이 만약 격식에 어긋난 곳이 있어 승정원(承政院)에서 그것을 고쳐 쓰도록 하면, 나는 이미 글자를 제대로 쓸 수 없는 데다 박군(朴君: 박영진) 또한 이와 같이 쓰는 데에 서투니 응당 이와 같고서야 어찌하겠는가? 더구나 많은 선비들이 참여한 상소를 한두 사람이 올릴 수 있겠는가? 전날 이웃 고을의 몇 사람이 한 말이야말로 맞은 것이었다.

또한 정린이 옥인(獄人: 정온)의 편지를 가지고 와서 보여주었는데, 옥인이 정군(鄭君: 정린)에게 보낸 편지였다. 그 편지에 이르기를, "상소는 중지하여 그치는 것이 좋겠으나 굳이 올린다면 하늘의 뜻이니 어찌하겠는가?"라고 하였으며, 또 이르기를, "소초(疏草)를 만약 광창부원군이 본다면 결코 고칠 수 없을 것이다."라고 운운하였다. 여러 사람들이 모두 말하기를, "그 가련한 뜻이 말 밖에 넘쳐나니 필선(弼善: 정온의 벼슬)의 면목을 조금이라도 아는 자가 어찌 차마 상소를 올리겠는가?"라고 하였다.

이에, 여러 사람들의 뜻이 두루 같아서 견고하게 굳어져 깨뜨릴 수 없었다. 내가 말하기를, "그렇다면 소장은 어디에 둘 것인가?"라고 하니, 모두 말하기를, "태우는 것이 좋겠습니다. 주문공(朱文公: 朱熹)이 돈괘(遯卦)를 만나 상소를 불살랐으니, 우리들도 이를 본받아서 하는 것입니다."라고 하자, 박영진이 말하기를, "궐문 밖에 불사르는 것이 좋겠습니다. 만일 궐문 밖에 불사를 수 없다면 일행이 한강(漢江) 변에 가서 영남 선비들에게 100여 명의 많은 선비들이 참여한 상소를 받들어 왔으나 다른 사람이 말리는 바람에 상달하지 못한 연유를 큰 소리로 말하고 두건과 의복을 함께 사르는 것이 좋을 듯합니다."라고 하였다. 내가 말하기를, "문공(文公: 주희)의 개인적 상소는 초벌 원고였고 게다가 집에 있었기 때문에 원래 직접 불태워도 아무 상관도 없었지만, 금번 이 상소는 초벌 원고가 아니고 존호(尊號)도 씌여 있는데 갑자기 불사를 수 있단 말인가? 또 사론(士論)으로 혼자서 올리는 상소가 아닌 것을 견주면서도 사사로이 불사를 수 있다고 하는가? 지척의 대궐에서 만일 그대들을 본다면 어찌 집에 있던 자와 같다고 할 수 있겠는가?"라고 하였다.

얼마 뒤에 어떤 사람이 도성 안에서 와 곧방 좌중에 들어왔는데, 곧 주인(主人)의 사위로 이정(李綎)이 그의 이름인 자이다. 우리들에게 읍(揖)하고 말하기를, "이곳은 바로 우리집입니다. 신위(神位)가 이곳에 있으니 내일 이곳으로 받들어 와서 공손한 예를 행하고자 합니다."라고 하였다. 이에, 노복(奴僕)을 시켜 창문을 바르게 하였다.

十一日。

朝鄭昌詩, 引一初及余, 至于無人處, 以示邢孝甲私簡。蓋孝甲就見廣昌, 則臺諫[179]已至廣昌家, 以不有長者[180],伸救鄭蘊, 庇護逆人三條, 待其呈疏, 入啓事相議矣。廣昌見邢之來, 卽延之, 曰:

179 臺諫(대간): 관료들의 불법을 적발하여 탄핵하는 사헌부 관원과 왕에게 諫諍하는 사간원 관원을 합칭하여 부른 말.

180 長者(장자): 덕망이 있는 老成한 사람. 점잖고 너그러운 사람.

“今君之來, 乃鄭蘊不死之秋也.” 邢以昌詩多般乞哀停疏之意爲言, 則廣昌曰: “其子之開明如是哉? 其父死不死, 在於其子之誠不誠如何耳。頃者, 吾將朝矣, 其子候於道側, 吾遽揮之者, 不欲煩吾救故也。吾於輝遠, 旣多周顗之救[181], 則其子亦知此否?” 邢又以吳翰林力止之意爲言, 則廣昌曰: “翰林所見, 豈浮言者比哉?” 蓋善之也。其簡末又曰: “疏儒, 若强呈之, 君可匿疏.”云。邢之簡, 旣如是, 則昌詩懇乞, 知有自矣。昌詩又曰: “吳翰林亦言: ‘今玆之疏, 非所以救之, 乃所以殺之.’ 人子聞此, 情意當如何? 疏行未到之前, 謂吾父應陷不測, 疏行旣到之後, 謂吾父近當見原。斯言, 比比到耳, 足以慰我罔極之懷, 僉尊此行, 於吾父子, 猶有萬斤之力, 其所以不呈, 乃所以深救之也.” 一初等, 於是尤主停疏之議, 更難動搖矣。昌詩旣去, 余曰: “輝遠之死生, 何與於我哉? 旣奉多士公論而來, 則吾所知者, 呈疏而已, 此外更何觀乎?” 一初曰: “疏頭必欲呈之, 則吾與李奉一·鄭潾, 皆是輝遠之親屬, 情義固不可決然, 其餘若干人, 必與疏頭議合矣.” 余曰: “以切親爲嫌, 莫若不來之爲便.” 一初等默然。余竊料爲‘陪疏九人中, 一初等三

---

181 周顗之救(주의지구): 남몰래 王導를 구출하려 애썼던 周顗. 삼국시대 晉나라 때 王敦이 반란을 일으켜 周顗를 사로잡았는데, 이의 생살 여부를 4촌형인 王導에게 물었으나 왕도가 묵묵부답하였으므로 결국 주의를 죽였다. 이보다 앞서 왕도가 왕돈이 반란한 것 때문에 죽게 되었을 때 주의에게 청탁하였으나 주의는 들은 체도 안했지만 내실은 임금에게 글을 올려 왕도의 구출에 극력 힘썼다. 그 때문에 왕도가 풀려났으나 이 사실을 모르는 왕도는 늘 주의에게 유감을 품고 있었으므로 이때에 한마디도 하지 않은 것이다. 그 뒤 中書의 서류를 조사하다가 주의가 자기를 위해 올린 글을 발견하고는 “내가 伯仁을 죽이지는 않았지만 백인은 나 때문에 죽은 것이다.”고 하면서 슬퍼하였다고 한다. 백인은 周顗의 字이다.

人, 旣不我從之, 則其餘徐繼哲一從.' 膺甫指揮者也。鄭是南, 不通時宜, 初以此疏爲不可者也。張弼翰, 以喉病時, 受針於南僉知者也。趙克新, 無志於士子業者也。惟朴君永鎭, 可與同之, 而亦拙於書寫者也。疏辭, 若有違格處, 政院使之改寫之, 則余旣不能成字, 朴君亦如是拙書, 當如此何? 況多士之疏, 一二人可以呈乎? 前日隣邑若干人之言驗矣。鄭繗又以獄人書來示之, 蓋獄人私與鄭君書也。有曰: "疏則停止可也, 而强呈之, 則天也奈何?" 又曰: "疏草, 若廣昌見之, 則決不可改."云云。諸員皆曰: "其可矜之意, 溢於言表, 少知弼善[182]之面目者, 何忍呈之乎?" 於是, 僉意徇同, 牢不可破[183]。余曰: "然則, 置疏何地?" 皆曰: "焚之可也。朱文公遇遯焚藁[184], 吾輩蓋效此爲." 朴永鎭曰: "焚之於闕門外可也。如不得焚之闕門外, 則行到漢江邊, 揚言[185]嶺南士子, 奉多士

---

182 弼善(필선): 조선시대 세자시강원에 속한 정4품 벼슬. 鄭蘊이 1613년 10월에 이 벼슬에 올랐다.

183 牢不可破(뇌불가파): 견고하게 굳어져서 무엇으로도 깨뜨릴 수 없는 형세를 이루고 있다는 말. 唐나라 韓愈의 〈平淮西碑〉의 "대관이 억측으로 결단하여 선창하자 모든 사람의 입이 부화뇌동하여 함께 똑같이 말을 하니 그들의 주장이 견고하여 깨뜨릴 수가 없다.(大官臆決唱聲, 萬口和附, 幷爲一談, 牢不可破.)"에서 나온다.

184 朱文公遇遯焚藁(주문공우돈번고): 宋나라 朱熹가 66세 때 煥章閣待制의 직명을 띠고 고향에 있으면서, 韓侂胄의 모함으로 永州로 귀양간 재상 趙汝愚의 억울함을 변론하는 내용과 한탁주가 임금을 속여 도학을 僞學이라 규정하여 금지하고 충직한 신하를 몰아내는 등 간교한 짓을 자행하는 작태에 대해 장문의 소장을 지어 올리려 하자, 문인 蔡元定이 그것을 섣불리 올리지 말고 蓍草를 뽑아 점을 쳐 그 결과에 따라 결정하라고 청하여 점을 쳐보니, 소인이 뜻을 얻은 상황에서 군자는 집안에 들어앉아 집안의 일만 돌본다는 의미인 遯의 家人卦가 나와 그 소장의 초고를 불태워버리고 호를 遯翁이라 고침과 동시에 사직소만 계속 올렸다는 고사.

百餘人疏, 爲人所沮, 不得上達之由, 俱巾服焚之, 似乎可矣." 余曰: "文公私疏也, 草藁也, 又在家也, 固無害於自焚, 今玆之疏, 非草藁也, 尊號在焉, 則其可遽焚之乎? 又士論也, 非獨疏[186]者, 比則亦可私焚之乎? 咫尺天闕[187], 如見吾君, 豈可與在家者同哉?" 俄而, 有一人自城中來, 直入于座中, 乃主人之壻, 李綎其名者也。揖余等而言曰: "此乃吾家也。神位在此, 明當奉來于此, 欲行恭禮耳." 於是, 使奴塗牕戶矣。

6월 12일。

주인(主人) 때문에 일초(一初: 유경갑) 등이 흩어져 성 안으로 들어갔는데, 내가 말하기를, "만일 상소를 올리지 못하고 미련없이 길을 나서야 한다면 하루가 다하기를 기다리지 않는 것이 좋겠다. 무슨 까닭으로 그렇게 어정거려야 하겠는가?"라고 하였다.

마침내 정시남(鄭是南)과 함께 잠시 하자경(河子敬: 河惺)을 방문했는데, 하자경이 말하기를, "광창부원군(廣昌府院君: 이이첨)이 휘원(輝遠)에게 은혜 또한 컸었네. 휘원이 과거(科擧)를 볼 때 광창부원군이 시험을 보였으며, 휘원이 벼슬살이 할 때 광창부원군이 나아가도록 하였고, 심지어 유배되어 북쪽으로 갈 때 옷을 벗어서 입혀준 사람 또한 광창부원군이었네. 그러하였는데도 휘원은 한마디

185 揚言(양언): 말을 크게 하여 여러 사람이 알게 함. 공공연하게 말함.
186 獨疏(독소): 혼자서 상소함.
187 天闕(천궐): 天帝가 거처하는 곳. 대궐.

말조차도 서로 맞지 않는다면서 다방면으로 헐뜯으며 배척하였으니, 휘원이 광창부원군을 대우하는 것이야말로 또한 야박하지 않은가?"라고 하였으며, 또 말하기를, "휘원의 상소가 한번 입계(入啓)되자, 임금의 위엄이 위에서 빛나고 있었으나 여론은 아래서 흉흉하여 휘원에게 위태로움이 조만간에 임박해 있다고 하니, 내가 바로 휘원의 집에 알렸네. 그의 가노(家奴)를 시켜 나의 편지를 받들어 밤낮으로 쉬지 않고 가서 좌상(左相: 정인홍)에게 전달하도록 했는데, 좌상이 말하기를, '이러한 때를 당하여 내가 갑자기 상소할 수는 없다.'라고 했네. 그래서 편지를 광창부원군에게 써서 이르시기를, '지난번 늙은이가 역적을 잡을 생각은 비록 늦출 수가 없었지만, 대군(大君: 영창대군)은 나이가 겨우 8세에 불과했네. 8세의 어린 아이가 어찌 이런 일을 알았겠는가. 비록 간혹 은혜를 베풀어 살려주는 것[全恩]이 옳다고 하더라도, 정온(鄭蘊)은 필시 이러한 말로 인하여 이번 상소를 올려 이 지경에 이르게 하였네. 만약 정온이 역적을 비호하였다면 늙은이를 마땅히 그 우두머리로 꼽을 것이니, 삼가 바라건대 대감은 이 사람만이라도 살려내야 하지 않겠소? 이 사람만이라도 구하는 것은 대감이 아니면 그 누구가 마땅히 하겠소?'라고 하였네. 광창부원군이 이러한 뜻을 가지고서 사사로이 주상에게 아뢰었는데, 주상이 비답(批答)하기를, '위리안치(圍籬安置)하도록 하라.' 하였다. 그러면 지금까지 온전한 것은 비록 성상의 은혜가 망극했다 하더라도 또한 어찌 좌상의 힘이 아니겠으며, 또한 광창부원군의 힘이 아니겠는가?"라고 하였다. 참으로 괴이한 말이었다.

十二日。

以主人之故, 一初等, 散入城中, 余曰: “如不可呈, 浩然登途, 不俟終日, 可也。何故遲遲?” 遂與鄭是南, 暫訪河子敬, 子敬曰: “廣昌之於輝遠, 恩亦大矣。輝遠之第, 廣昌試之, 輝遠之仕, 廣昌進之, 至於被譴而北也, 解衣衣之者, 亦廣昌也。然而輝遠, 以一言不相合, 多般詆斥[188], 則輝遠之待廣昌, 不亦薄乎?” 又曰: “輝遠之疏一入, 天威赫赫於上, 群情洶洶於下, 謂輝遠危在朝夕, 我乃告于輝遠家。使其家奴奉我書, 倍日而行, 得達于左相, 左相曰: ‘當此之時, 吾不可以遽疏.’ 於是, 修書干廣昌, 曰: ‘前者老物, 以爲討賊, 雖不可緩, 然大君則年纔八歲矣。八歲之童子, 何知此? 則雖或全恩[189]可也云, 鄭蘊必因此言, 而爲此疏, 以至於此。若以蘊爲護逆, 則老物當爲之首, 伏願大監, 未可救此人一分耶? 救此人一分, 非大監, 其誰宜爲? 廣昌將此意, 私啓于上, 上批曰: ‘減不下安籬[190].’ 然則, 至今獲全, 雖曰天恩之罔極, 亦豈非左相之力耶? 亦豈非廣昌之力耶?”云。是可怪也。

6월 13일。

지나가는 길에 윤참지(尹參知: 윤선)를 만나 보았는데, 정린(鄭繗) 또한 그곳에 와 있었다. 정군(鄭君: 정린)이 말하기를, “우리들이 이

188 詆斥(저척): 남을 헐뜯어 말하여 배척함.

189 全恩(전은): 죽을 죄인에게 생명을 온전히 유지하게 하는 은전.

190 安籬(안리): 籬安의 오기인 듯. 圍籬安置. 유배된 죄인이 거처하는 집 둘레에 가시로 울타리를 치고 그 안에 가두어 두던 일.

미 소장을 올리지 못하고 간다면, 본도(本道: 경상도)의 선비들이 어찌 이렇게 올리지 못한 뜻을 알겠습니까? 올리지 못한 뜻을 본도의 선비들에게 알리는 것이 가장 좋을 듯합니다. 밥을 먹고 나서 동문(東門)의 누각에 모여 의논하는 것이 좋겠습니다."라고 하였다. 그래서 나는 참지(參知: 윤선)에게 인사하고 돌아왔는데, 황필(黃筆: 족제비 꼬리털로 만든 붓) 1자루를 전별하는 예물로 주었다.

정시남(鄭是南)이 이위경(李緯卿: 李偉卿의 오기)의 집에서 와 말하기를, "이정자(李正字: 이위경)가 큰소리치기를, '소장을 올리는 일은 옳지 못하다. 게다가 논의를 주도한 사람들은 단성(丹城) 출신이 대부분이라고 하니, 이렇다면 이각(李瑴)이 필시 참여했을 것이다. 이각이 감히 좌상(左相: 정인홍)을 저버릴 수 있단 말인가? 좌상을 저버림은 바로 선조(先祖)를 잊은 것이다.'라고 하였는데, 제가 대답하기를, '이각 씨는 장례를 치르고 있는데도 문서를 만들어 알리는 것은 불가한 일이라고 극구 제지하였으나 그렇게 되지 못했소이다.' 했습니다."라고 하였다. 내가 말하기를, "정자(正字)의 말은 참으로 이른바 팽두이숙(烹頭耳熟: 큰 일을 해결하면 작은 일은 저절로 해결됨)이란 말과 같은 것이다."라고 하였다.

여러 사람들과 함께 동문(東門)의 누각에 이르니, 마침 누각에 모여 있는 사람들이 많았다. 내가 말하기를, "사람들이 이와 같이 번잡한데 왜 떠나지 않았소?"라고 하자, 응보(膺甫: 이봉일)가 말하기를, "이렇게 하고도 괜찮은 것이오. 어떻게 갈 수 있단 말이오?"라고 하였다. 다른 사람들이 모두 나의 말을 옳다고 여겨서 이내

사저(私邸: 개인 주택)로 돌아와서는 통문(通文) 2통을 내놓았으니, 그 하나는 왼쪽의 것이요, 다른 하나는 오른쪽의 것인데 응보(膺甫)·정보(正甫, 협주: 정시남의 字)가 응당 써야 했다.

정보가 기꺼이 쓰려고 하지 않으면서 말하기를, "사람들이 이르기를, '소장을 가지고 이곳으로 오게 한 것도 정사직(鄭司直: 정온)이요, 상소하는 것을 멈추고 내려가도록 한 것도 정사직이다.'라고 하는데, 만일 바치지 못하고도 곧장 내려가는 것이 괜찮다면 통문이 무슨 필요가 있습니까? 하물며 통문의 글에 온당치 못한 부분이 있음에야."라고 하자, 응보가 갑자기 화를 내며 말하기를, "어떤 개자식[何物犬兒]이 이와 같이 이치에 당치 않는 말을 지어낸단 말인가?"라고 하였다. 이에, 정보는 쓰지 않겠다고 굳게 고집하여서 응보가 통문 2통을 모두 썼다.

그 통문은 대략 이러하였으니, 「우리들은 소장을 받들어 산을 넘고 물을 건너서 강안에 도착했는데, 정사직의 아들인 정창시가 찾아와 조아리며 말하기를, "많은 선비들이 저의 아버지를 위해 상소로 아뢰려는 심정은 마땅히 감격하여 울기에도 겨를이 없을 것이지만, 다만 주상의 위엄이 조금 풀려서 방면될 길을 바랄 수 있을 듯한데, 지금 만약 주상의 위엄을 다시 저촉하면 그 구하려 했던 것이 도리어 화(禍)를 입히게 될 것입니다."라고 했습니다. 우리들이 지금 온 것은 정사직을 위해 온 것으로 여겼으나, 만약 그의 말을 따르지 않고 억지로 소장을 바치고자 하면 어찌 화가 반드시 없으리라는 것을 알겠습니까? 이 때문에 망설이고 차마 바치지 못했사오니, 삼가 바라건대 여러분들께서는 너그럽게 헤아려 주소서.」라고 하였다. 정보가 온당치 않다고 여겼던 것은 그 구하려 했던 것이 도리어 화를 입히게 될 것이라는 말 등 때문이었다.

서계철(徐繼哲)이 술을 가지고 와서 마셨으며, 박영진(朴永鎭)과 함께 임시 숙소로 돌아왔다.

十三日。

過見尹參知, 鄭繗亦來此矣。鄭君曰: "吾輩旣不呈疏而去, 則本道士子, 豈知如是不呈之意乎? 莫若以不呈之意, 通于本道士子之爲可。食後, 可於東門樓上會議." 於是, 余辭歸參知, 以黃筆一柄爲贐。鄭是南, 至自李緯卿[191] 家, 曰: "李正字大言: '疏事之不可。且以爲主論之人, 丹城爲多云, 如是則李瑴必參之矣。李瑴其敢負左相耶? 負左相, 乃所以忘先世也.' 吾對曰: '李瑴氏, 以因人葬而出文爲不可, 至於力止之而猶未也.'" 余曰: "正字之言, 眞所謂烹頭耳熟[192]者也." 與諸員, 至東門樓上, 則適會樓中多人。余曰: "人煩如此, 盍去諸?" 膺甫曰: "此其可矣。又何故而之?" 他諸員皆以余言爲可, 乃還私邸, 出通文二度, 其一左也, 其一右也, 而膺甫·正甫

---

191 李緯卿(이위경): 李偉卿(1586~1623)의 오기. 본관은 全義, 자는 長而. 1613년 대북 세력의 영수인 李爾瞻의 사주를 받아 성균관 유생들과 회합, 그 疏頭가 되어 尹訒·鄭造 등과 함께 계축옥사에 仁穆大妃가 연루되었음을 주장하는 상소를 올렸다. 이이첨의 심복으로, 인목대비를 시해하려다가 실패하였고, 인조반정이 일어난 후 능지처참되었다.

192 烹頭耳熟(팽두이숙): 머리를 삶으면 귀까지 익는다는 뜻으로, 한 가지 일이 잘 되면 다른 일도 저절로 이루어짐을 비유적으로 이르는 말. 우두머리를 다스리면 나머지는 저절로 自服한다는 뜻이다.

【是南字】, 當書之矣。正甫不肯書, 曰: "人言: '使之奉疏來此者, 鄭司直也, 使之停疏下去者, 鄭司直也.' 如不可呈, 則直下去可也, 何必通文? 況通文措語[193], 有未穩當者乎?" 膺甫遽怒曰: "何物犬兒, 做如是無理之說耶?" 於是, 正甫堅執不書, 膺甫幷書其二度。其略曰: 「等陪疏跋涉, 行到江干[194], 鄭司直之子昌詩來叩曰: "多士爲吾父陳疏情, 當感泣之不暇, 第以天威小霽, 庶有[195]蒙宥之路, 今若更觸天威, 則其所以救之, 乃所以禍之也." 等以爲今之來, 爲鄭而來, 若不從其言而强呈之, 則安知禍之必無也? 以是赼趄不忍, 伏惟僉尊恕量焉.」正甫以爲未穩者, 以其有所以救之, 乃所以禍之之等語故也。徐繼哲, 持酒來飮, 與朴永鎭還寓所。

6월 14일。

밤새도록 큰비가 내렸다. 소장(疏章)을 올릴 수 없음을 알고 울적한 심정에 밤새도록 잠들지 못하였다.

무명을 정창시(鄭昌詩)에게 보내어서 옥바라지하는데 보태게 할 따름이었다.

이보다 앞서, 두미포(豆尾浦)에 있었을 때에 의령(宜寧)의 모였던 곳에서 보내온 무명 3필, 의령 태수(宜寧太守: 의령 현감 李文蘭)가 보내온 무명 3필과 백지(白紙) 2권, 상주(喪主) 권도(權濤)가 보내온 무명 1필을 보냈다. 이때에 이르러 또 그 무명을 4필을 보내고 그

---

193 措語(조어): 글자로 말의 뜻을 엮어서 만듦.

194 江干(강간): 강변.

195 蒙宥(몽유): 사면을 받아 죄인이 풀려남.

나머지는 이봉일(李奉一)이 주관하였다.

한강(漢江)에 이르렀는데, 강물이 불어 배를 타고 강 한복판에 이르자 파도가 거세게 일어 배안으로 강물을 뿌리는 것이 빗발 같으니 사람들이 실색하지 않는 자가 없었다. 양재역(陽才驛: 良才驛의 오기)에서 묵었다.

十四日。

終夜大雨。知疏章決不可呈, 鬱抑焉終夜不寐。送資木於鄭昌詩, 以助養獄之具而已。先是, 在豆尾浦, 以宜寧會所所送木三匹, 宜寧守所送木三匹·白紙二卷[196], 及權喪主濤所送木一匹送之。至是, 又以其資木四匹送之, 其餘奉一主之矣。至漢江, 江水漲溢, 乘船中流, 則波濤湧起, 灑入舟中, 如雨脚然, 人無不失色者。宿陽才驛[197]。

6월 15일。

이른 아침에 장붕한(張弸翰)이 와서 말하기를, "정랑(正郎) 이찬(李瓚)은 나의 동향(同鄉: 영주) 사람인데 나에게 편지를 보내어 소장을 바쳐서는 안 된다는 뜻을 알렸습니다."라고 하였고, 또 말하기를, "유진사(劉進士: 유경갑)를 위시한 여러 사람들이 어찌 이번 행차에 있지 않습니까?"라고 하였다. 내가 말하기를, "진사를 위시

196《光海君日記》1615년 1월 25일 첫 번째 기사가 참고됨.

197 陽才驛(양재역): 良才驛의 오기. 조선시대 양재에 있었던 역참. 서울특별시 강남구 역삼동에 있었다.

한 여러 사람들이 내일 오기로 나에게 약속했지만, 이미 올리지 못하게 되었으니 재차 어찌 기회를 엿보며 관망하겠는가? 이 때문에 결연히 먼저 떠난 것이네."라고 하였다.

아침밥을 판교(板橋)에서 먹은 뒤, 장붕한은 영천(榮川: 영주)으로 가는 길을 향해서 나서고, 나는 호남으로 가는 길을 향해서 나섰다. 갈천(葛川)에서 말을 잠깐 세웠더니 전주(全州) 사람인 무과(武科) 박언방(朴彦邦) 또한 따라와서 청회(青回)의 주점에서 묵었다. 나는 소장을 올리지 못했기 때문에 밤새도록 잠이 오지 않았다.

대체로 정온(鄭蘊)의 상소는 임금을 도리에 맞게 인도하여 임금을 허물이 없는 자리에 있게 하려는 것이었으니, 그 마음은 공론만 알 뿐이고 나라만 알 뿐이었다. 진실로 구구하게 감히 말하건대 위험을 무릅쓰고 직언하면서도 그가 위태롭게 되는 원인임을 알지 못했고, 과격하게 논의하면서도 그가 자기의 과격함에 대해 알지 못했다 하여 편들려는 것이 아니지만, 조정의 처리에 달려 있다 한들 어찌 정온을 감옥에 둘 수 있단 말인가. 한편으로는 간언을 싫어하는 단서를 연 것이요, 또 한편으로는 진언하는 길을 막은 것이거늘, 이것이 종묘사직의 복이겠는가.

내가 아침저녁으로 비분강개하는 것은 이러하여 서로 모여서 소장을 올려야 한다는 논의가 이때에 일어나게 되었으니 그대로 따르지 않을 수 있겠는가만, 소두(疏頭)는 재앙의 그물에 걸리게 된다며 지목하고서 회피하려는 것이 모두 옳다는 것이다. 아, 앙상하게 병든 일신(一身)을 일으켜 천리나 되는 경성(京城)에 달려와 조그마한 소장을 품고 구중궁궐을 우러르면서 한 마음을 경계하며 사방으로 귀 기울인 것이 여러 날이 되었다. 그런데 어찌 정창시(鄭昌詩)의 한마디 말이 동행한 이들의 귀에 불쌍히 들려 측은하게 여기게 될 줄 생각이나 했겠는가. 한쪽 편의 말만으로 정창시의 불가하다는 뜻에 부화(附和)하여 그만 다 걷어치우고 돌아오게 되었으니, 답답한 마음에 먹고 자는 것이 편치 않은 자임에랴, 아!

十五日。

詰朝[198], 張弸翰來曰: "李正郎纘, 吾同鄕人也, 貽書于我, 告以不可呈疏之意."云, 又曰: "劉進士諸人, 何不在此行也." 余曰: "進士諸人, 明以爲期余, 則以爲業已[199]不呈, 更何顧望[200]? 玆故決然先發矣." 朝飯于板橋, 張取榮川路以行, 余取湖南路以行。歇馬葛川[201], 武科朴彦邦全州人也, 亦隨行, 宿青回[202]酒肆。余以疏之不呈, 終夜不寐。蓋鄭蘊之疏, 引君當道, 納君無過, 其心公耳國耳[203]。固非區區敢言比, 危其言[204]而不知其所以危, 過其論而不

198 詰朝(힐조): 이른 아침.

199 業已(업이): 이미. 벌써.

200 顧望(고망): 일의 상황을 지켜보면서 기회를 엿보는 것을 말함.

201 葛川(갈천): 경기도 화성시 봉담읍 분천리에서 시작하여 발산리 황구지천으로 합류하는 지방하천.

202 青回(청회): 경기도 오산시 대원동 일대의 青好驛. 일명 역촌동의 菁浩驛이라고도 하였다.

203 公耳國耳(공이국이): 漢나라 때 賈誼의 상소에 나오는 말. 가의의 상소문에 "교화가 이루어지고 풍속이 정해지면 신하 된 사람들이 군주만 알 뿐 자신은 잊고, 나라만 알 뿐 자기 집은 잊고, 공사만 알 뿐 사사는 잊게 될 것입니다.(化成俗定, 則爲人臣者, 主耳忘身, 國耳忘家, 公耳忘私.)"라고 한 데서 나왔다.

204 危其言(위기언): 위험을 무릅쓰고 하는 직언.

知其所以過, 在朝廷處置, 豈可置蘊於牢獄? 一以開厭諫之端, 一以杜來言之路, 是豈宗社之福哉? 余之朝夕慷慨者, 此而會疏之議, 起於此時, 其可以不從乎, 以疏頭指爲禍網, 而謀避者皆是。噫! 扶一身之羸病, 赴千里之京城, 懷尺疏而望九重, 戒一心而回四聰者, 將有日矣。豈意昌詩一言矜惻於同行之耳, 一邊言論, 唱和[205]其不可之意, 卷而歸來, 懷鬱鬱而寢食不寧者乎? 噫!

6월 16일。

아침밥을 개천(介川)에서 먹고, 말을 수소(愁所: 직산 수헐리인 듯)에 잠깐 쉬게 하였다가 천안(天安)의 주점에서 묵었다. 군수(郡守: 천안 군수) 이유간(李惟幹: 李惟侃의 오기)은 일찍이 산음(山陰: 산청)의 수령을 지냈기 때문에 나에게 옛 사또의 연분이 있었고, 그의 아들 이경석(李景奭) 또한 나와 같은 해의 과거에 급제하였는데, 자기를 찾아와 보게 했으나 파면되어 갔다.

十六日。

朝飯于介川[206], 歇馬于愁所[207], 宿天安[208]酒肆。郡守李惟幹[209],

205 唱和(창화): 附和. 주견이 없이 경솔하게 남의 의견에 따름.

206 介川(개천): 경기도 평택시 칠원동에 있었던 시내인 듯. 칠원동은 조선시대 진위군 여방면 지역으로 삼남대로의 葛院이 있었던 곳이다.

207 愁所(수소): 충청남도 천안시 서북구 직산읍에 속하는 법정리 수헐리를 일컫는 듯. 조선시대 직산현 西邊面 지역으로 순 우리말 시름새를 한자로 바꿔 愁歇이 되었다.

208 天安(천안): 충청남도 북동부에 있는 고을. 동쪽은 충청북도 진천군·청주시, 서쪽은 아산시, 남쪽은 세종특별자치시·공주시, 북쪽은 경기도 안성시·평택시와 접한다.

曾爲山陰倅，於余有舊主之分，而其子景奭[210]，亦與余同榜者也，來見已而罷去。

6월 17일。

아침밥을 직덕원(稷德院)에서 먹고, 말을 궁원(弓院)에서 잠깐 쉬게 하였다. 그러나 비 때문에 그대로 묵었다.

十七日。

朝飯于稷德院[211]，歇馬于弓院[212]。以雨宿。

6월 18일。

아침밥을 소개(少介)에서 먹고, 말을 이산(尼山: 魯城)의 석교(石橋)에서 잠깐 쉬게 하였는데, 도사(都事: 충청 도사) 정유번(鄭維藩)

---

209 李惟幹(이유간): 李惟侃(1550~1634)의 오기. 본관은 全州, 자는 剛仲. 李秀光의 아들이다. 1591년 사마시에 합격하여 생원이 되고, 1593년 지우인 李恒福의 추천으로 벼슬길에 나아가서 四山縣監이 되고, 제천 현감으로 나갔으며, 형조좌랑·평양부 판관·산음 현감·장례원 사평·개성부 도사·군기시 첨정·천안 군수·사직서 영 등을 역임하였다.

210 景奭(경석): 李景奭(1595~1671). 본관은 全州, 자는 尙輔, 호는 白軒. 李惟侃의 둘째 아들이다. 1613년 진사가 되고 1617년 증광별시에 급제했으나, 이듬해 仁穆大妃의 폐비 상소에 가담하지 않아 削籍되고 말았다. 인조반정 이후 알성문과에 급제하였다. 병자호란을 맞아 주화파와 척화파로 국론이 분열된 가운데 백성을 위하고 나라의 먼 장래를 위해 명분보다 실리를 택하고 전후 수습을 위해 동분서주한 인물이다.

211 稷德院(직덕원): 충청남도 천안시 동남구 광덕면 지명인 듯. 구체적인 지명은 확인하기가 어렵다.

212 弓院(궁원): 활원. 충청남도 공주시 정안면 장원리.

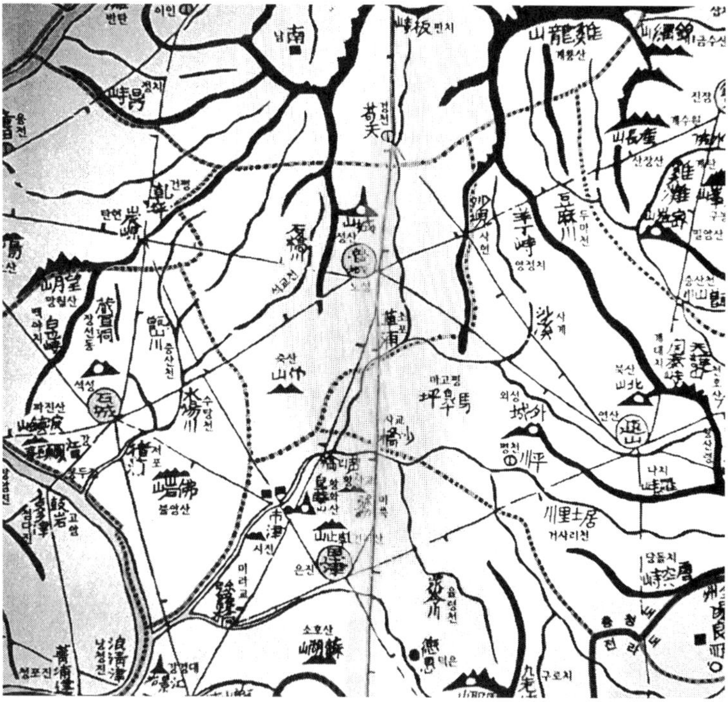

석교 노성 연산

이 지나갔다.

十八日。

朝飯于少介，歇馬尼山[213]石橋[214]。都事鄭維藩[215]過之。

---

213 尼山(이산): 충청남도 논산군 노성면 지역에 있던 현.

214 石橋(석교): 石橋川. 이산현 북쪽 6리에 있던 개울. 북쪽 金堀伊에서 발원하여 石城縣 水湯浦로 들어간다.

215 鄭維藩(정유번, 1562~1639): 본관은 迎日, 자는 德輔, 호는 瓻翁. 鄭彌臣의 장남이다. 1601년 진사가 되어 1605년 별시 문과에 급제하였다. 성균관 전적,

6월 19일。

연산(連山)의 마고촌(馬顧村: 馬九坪인 듯)에서 여산(礪山)의 남원(南院)으로 와 아침밥을 먹고, 말을 양정포(梁丁浦: 良正浦 또는 良田浦)에서 쉬게 하였다가 안보촌(安甫村)에서 묵었다.

十九日。

自連山[216]馬顧村[217], 朝飯于礪山[218]南院, 歇馬于梁丁浦[219], 宿安甫村。

6월 20일。

아침밥을 전주(全州)의 색장(塞墻)에서 먹고 말을 잠깐 만마(萬麻: 萬馬) 골짜기에서 쉬게 하였다.

내가 거느리고 있던 계집종의 남편인 감오(줌梧)의 이름을 순천(順天)의 역리(驛吏) 최한(崔閒)이란 자가 지나가다가 익히 알아보고 말하기를, "너는 감오가 아니냐? 너는 어찌하여 부역(賦役)을 피해 이곳에 있단 말이냐?"라고 하면서 끌고 가려 하여 시달린 뒤

사예, 사성, 사헌부 감찰, 호조, 형조, 예조좌랑을 역임하고 춘추관 편수관에 이르렀는데 당시 大北의 영수인 李爾瞻이 先祖의 후사로 광해군을 옹립하려하자 "왕통은 적손으로 이어야한다"며 반대하다가 외직으로 좌천당하고 말았다. 1613년에서 1614년까지 충청도도사를 지냈다.

216 連山(연산): 충청남도 논산시 연산면 지역. 논산시 중앙에 있는 고을이다.

217 馬顧村(마고촌): 충청남도 논산시 부적면 마구평리. 원래 충청남도 연산군 夫人處面 지역의 馬九坪인 듯. 平川驛이 있을 때 막을 먹이던 곳이라 한다.

218 礪山(여산): 전라북도 익산시 여산면 여산리.

219 梁丁浦(양정포): 良正浦 또는 良田浦로도 표기됨. 전라북도 완주군 용진읍 신지리(양전)에 있었던 포구.

에야, 내가 그에게 말하기를, "부역할 곳이 어디란 말이냐?"라고 하자, "오수역(獒樹驛)입니다."라고 하였다. 내가 말하기를, "내가 장차 찰방(察訪)을 찾아보고 감오가 부역을 피해야 했던 연유를 말하겠다."라고 하였다. 이에, 최한이 인사를 하고 떠나갔다.

임실(任實)의 신촌(新村)에서 묵었다.

二十日。

朝飯于全州塞墻[220], 歇馬于萬麻洞[221]。所率乃婢夫智梧, 其名者, 順天[222]驛吏崔閒者過之, 熟以視之, 曰: "汝非智梧耶? 汝何逃役至此?" 計將扶曳困而後已, 余謂之曰: "役處何道耶?" 曰: "獒樹驛[223]矣." 余曰: "吾將見察訪, 言其逃役之由." 於是, 崔閒拜辭而去。宿任實[224]新村。

6월 21일。

큰비가 내렸다. 정시남(鄭是南)이 뒤따라 왔는데, 앞의 강물이

220 塞墻(색장): 전라도 완주군 상관면 색장리가 전주시 완산구 색장동으로 변경됨. 광주와 남원 방향에서 전주로 들어오는 관문에 있는 마을이다. 마을 뒤로는 매봉산(응봉산) 봉우리가 솟아 있고 마을 앞으로는 넓은 들과 천을 바라보고 있다. 이곳에 塞墻峙가 있는데 막은댐이재 혹은 서낭재로 불리는데, 전주 우아동으로 넘어가는 고개이다.

221 萬麻洞(만마동): 전라도 완주군 상관면 용암리의 萬馬關이 있는 골짜기인 듯. 석성은 조선 후기 순조 때 축조된 것이다.

222 順天(순천): 전라남도 남동쪽에 있는 고을. 동쪽은 광양시, 서쪽은 화순군·보성군, 남쪽은 여수시·보성군, 북쪽은 구례군·곡성군과 접한다.

223 獒樹驛(오수역): 전라북도 임실군 오수면 오수리에 있던 역참.

224 任實(임실): 전라북도 중남부에 있는 고을. 동쪽은 진안군·장수군·남원시, 서쪽은 정읍시, 남쪽은 순창군, 북쪽은 완주군과 접한다.

엄청나게 불어 마지못하여 하는 수 없이 시골집에 투숙하였다.

二十一日。

大雨。鄭是南追及之，前水盛漲，不得已投宿村舍。

6월 22일。

양식이 바닥나고 있어서 조금만 밥을 지어 시장기를 면한 뒤 강가에 이르렀지만, 강물이 불어난 데다 돌부리가 험하여 형편상 쉬 건널 수가 없었다. 먼저 동손(同孫)에게 강물이 깊은지 얕은지 알아보도록 한 뒤에서야 차례차례 어렵사리 건넜다. 동손은 정자(正字) 권집(權潗)의 하인으로 노세(路稅: 통행세)를 위하여 나를 따라온 자이다.

오수(獒樹)에 도착했으나 종일토록 큰비가 내렸다.

二十二日。

糧絶，以些少飯療飢，得到川邊，則水溢石險，勢不可渡。先使同孫，量其淺深，然後次次艱渡。同孫乃權正字潗之奴，而以路稅，從我者也。到獒樹，終日大雨。

6월 23일。

또 비가 내려 오수(獒樹)에서 묵었다.

二十三日。

又雨宿獒樹

6월 24일。

찰방(察訪: 오수역 찰방) 허홍재(許洪材)가 장수(長水)에서 돌아왔는데, 첨지(僉知) 권홍(權泓)도 함께 왔다. 합천(陜川) 사람인 권양(權瀁)이 이때 장수 현감(長水縣監)인데 찰방과 함께 모이기로 약속했다고 하였다.

종일토록 큰비가 내려 또 그대로 묵었다.

二十四日。

察訪許洪材[225], 自長水[226]還來, 而又與權僉知泓[227], 偕來。蓋陜川人權瀁[228], 時爲長水縣監, 與察訪期會云耳。終日大雨, 又因宿。

6월 25일。

남원(南原)에서 묵었다.

二十五日。

宿南原。

---

225 許洪材(허홍재, 1568~1629): 본관은 金海, 자는 大用, 호는 德菴. 許彭岭의 아들, 許燉의 부친, 조정립의 동생인 조정영의 장인, 尹銑의 매제이다.

226 長水(장수): 전라북도 동부 중앙에 있는 고을. 동쪽은 소백산맥을 넘어 경상남도 함양군·거창군, 서쪽과 서북쪽은 진안군·임실군, 남쪽은 남원시, 북쪽은 무주군과 접한다.

227 權僉知泓(권첨지홍): 權泓(생몰년 미상). 본관은 安東, 자는 景淑. 權汝謙의 넷째 아들이다. 護軍을 지냈다.

228 權瀁(권양, 1555~1618): 본관은 安東, 자는 景止, 호는 花陰. 權汝謙의 셋째 아들이다. 효행으로 추천되어 별제가 되고 1592년 임진왜란 때 창의하여 戰功을 세웠다.

6월 26일。

인월(引月)에서 묵었는데, 흙비가 연일 내려서 걸어갈 수가 없었기 때문이다.

二十六日。

宿引月[229]，蓋以泥雨連日，不能行也。

6월 27일。

함양(咸陽)에 도착하여 군수(郡守: 이대기)를 동헌(東軒)에서 만나보니, 술자리를 베풀고 머물기를 권했다.

二十七日。

到咸陽，見郡守于東軒，設酌勸留。

6월 28일。

아침밥을 생원(生員) 박문영(朴文楧) 집에서 먹고, 날이 저물어서야 집에 돌아왔다. 적(墒)이 이때 서재(書齋)에 잠시 동안 머물러 지내고 있었다.

二十八日。

朝飯于朴生員文楧[230]家，日昏還家。墒時居接于書齋矣。

---

229 引月(인월): 전라북도 남원시 동부에 있는 고을.

230 朴生員文楧(박생원문영): 朴文楧(1570~1623). 본관은 潘南, 자는 君秀, 호는 龍湖. 朴荇의 아들이다. 鄭逑의 문인이다.

사직 정온의 무죄 밝혀 구원하는 의소
擬伸救司直鄭蘊疏

【정언 오장(吳長)이 지었고, 군수 이대기(李大期)가 윤색하였다.】

신(臣) 이유열(李惟說) 등이 삼가 아룁니다. 국운이 불행하여 흉악한 서얼들이 역모를 꾀하였으니, 전하께서는 인륜의 변고를 처리하시는데 종묘사직과 관련되어 염려하시고 지친(至親)을 가엾이 여기시느라 지체하며 시름하다가 지금까지 1년이 지났습니다.

신(臣) 등은 비록 미천하고 멀리 떨어진 곳에 있는 신분으로 역적을 토벌하는 대열에 이미 달려가지 못했지만 임금을 사랑하고 나라를 걱정하는 것이야 똑같이 그런 본성을 지녔는데, 직언(直言)할 수 있는 시대를 만나고 말할 만한 일들을 만나고도 또한 어찌 입을 다물어 침묵하고 진달하지 않아서 우리 성상(聖上)이 천지처럼 생성해 주시는 두터운 은혜를 저버리겠습니까?

신(臣) 등은 삼가 듣자니 지난번 전 사직(前司直) 정온(鄭蘊)이 소장을 올려 간한 시사(時事)가 성상의 위엄에 저촉되어 지금 옥에 갇힌 죄수로 있다고 하는데, 정온의 상소 내용이 도리에 맞지 않아

종잡을 수가 없고 말 뜻까지 뒤바꿔어 법에 따라 죄를 정한 것으로 만 번 죽어도 오히려 가볍습니다. 다만 엎드려 생각건대 예로부터 위에 반드시 어질고 성스러운 임금이 있어서 포용하여 받아들인 연후에야 아래에서 할 말을 다할 수 있게 되는 것이니, 정온이 간담을 헤치고 심혈을 짜내듯 진심을 다해 감히 스스로 전하의 천둥 같은 격노 아래에 갑자기 나아가게 된 까닭입니다. 또한 전하의 하늘 같은 위대함과 해 같은 명철함만 믿고서 귀머거리나 소경의 어리석은 견해로 아주 티끌만큼이라도 보좌할 수 있기를 바란 것은 비유컨대 자애로운 부모 앞에서 극구 입이 닳도록 하소연하며 마음이 가는 대로 맡겨 두고도 그 말이 지나치게 격렬해진 것을 스스로 깨닫지 못하여 그 자신이 죄에 빠지게 되는 것을 스스로 깨닫지 못한 것과 같습니다. 정온의 심정과 행동은 이런 정도에 불과할 뿐입니다.

정온이 설령 불측하고 부도하여 역적을 비호할 뜻이 있어서 과연 논박하는 자들의 말과 같다면, 이의(李㼁)가 살아 죽기 전에는 옳을 수도 있으니 기세상 의지하여 따를 수도 있고 요행히 앞으로 잘될 수도 있기 때문입니다. 그러나 지금에는 이의가 죽었으니 필시 화(禍)가 닥쳐올 것이고 의지할 만한 형세조차 없는데, 정온이 무엇 때문에 고생스레 감히 마른 해골이 된 죽은 이를 다시 두둔하고 비호하여서 스스로 온 몸이 부서져 가루가 될 처지를 달가워하겠습니까? 비록 지극히 어리석은 자라도 반드시 이것을 하지 않을 것이니, 정온이 역적을 비호하지 않은 것 또한 분명합니다. 무릇

천하의 변고(變故)란 끝없이 일어나는 것이어서 그에 대처한 의리(義理) 또한 변고와 더불어 끝이 없었으니, 이러한 의리에 입각하여 변고를 처리하는데 있어 천리(天理)의 바름에 부합하고 인심(人心)의 편안함에 나아가기를 구한 것뿐입니다.

옛날 〈한문제(漢文帝)가〉 회남왕(淮南王: 劉長)을 폐위시키고 촉군(蜀郡)으로 유배시켰을 때 치거(輜車)에 태워 보내면서 지나가는 현(縣)마다 차례로 맞이하여 전송하도록 하자, 원앙(袁盎)은 회남왕이 심한 안개와 이슬을 만나 길에서 죽게 되면 폐하는 아우를 죽인 누명을 쓰게 된다라고 간하였습니다. 회남왕이 과연 먹지 않고 굶어 죽었지만 지나가는 현에서 회남왕을 전송하는 자들이 감히 수레의 봉인을 뜯지 못했는데, 옹현(雍縣)에 이르러 옹현의 현령이 이를 뜯어보고서 죽었다고 아뢰었습니다. 한문제가 슬퍼하며 곡(哭)을 하고 원앙에게 일러 말하기를, "내가 공(公)의 말을 따르지 않아 끝내 회남왕을 죽였구나."라고 하니, 원앙이 말하기를, "폐하께서 회남왕을 유배한 것은 그의 뜻을 단련시켜 잘못을 고치게 하려는 것이었습니다. 유사(有司: 담당관리)가 숙위(宿衛)를 신중히 하지 않았기 때문에 병사한 것입니다."라고 하였습니다. 이에, 한문제가 원앙의 말을 받아들여 즉시 승상(丞相)과 어사(御史)에게 봉인을 뜯지 않은 채로 음식물을 준 현령들을 체포하여 모두 기시형(棄市刑)에 처하게 하였습니다. 그리고 회남왕을 열후(列侯)의 예(禮)로 장사하고, 유장의 아들 네 명도 열후로 봉하였으며, 시호(諡號: 厲王)를 추증하고 원(園: 제후의 儀節)을 조성해 주었습니다.

회남왕이 모반했는데도 더구나 이러했다면 아마도 정온의 상소는 그것 또한 원앙의 남긴 뜻[遺意]과 같았는데, 이미 죽은 뒤에도 은혜를 베풀고 변고를 처리하는 자리에서도 의리를 헤아리되 예(禮)에 따라 장사지내 주라는 성대한 뜻으로 동기를 사랑하는 지극한 마음을 밝게 두루 보이셔서 기필코 성스러운 덕에 한 가지 일이라도 혹여 흠결이 없도록 하고 성스러운 마음에 털끝만큼도 의심할 여지가 없도록 해 인정과 법률을 극진히 살펴 시행하시어 성인군자의 면모를 과시하시도록 하려는 것이었으니, 구구하게 작은 정성으로 이것 외에 다른 생각이 없었습니다.

그러나 우매하고 무지한 사람이 말하는 면전에서 현혹되어 순박하고 곧은 성품을 사리에 맞지 않는 비유로 잃어버렸으니, 문장 첫머리의 이른바 가수(假手: 손을 빌림)라는 두 글자로 말하면 진실로 신하된 자로서는 차마 아뢸 수 있는 것이 아닙니다. 그러나 그의 소장을 보면, "성상의 뜻은 시종일관 보전되어야 하고, 정항(鄭沆)은 이에 감히 죽여야 한다."라고 아뢰었으니, 이것은 정온이 본디 가진 참된 심정을 진실로 전하를 위하여 만세에 길이 드러낸 것입니다. 오직 이와 같기 때문에 류숙(柳潚)의 말을 한번 듣고서 저절로 그 그릇됨을 알게 되어 곧바로 다시 고치는 데 조금도 어렵게 여겨 지체함이 없다면 상소 한 편의 중요한 점은 애초 이러한 곳에 있지 않았음을 알 수 있으며, 문장이 짧고 졸렬한 데다 꾸밈없이 순박하여 본뜻을 은폐한 바가 없는 실상도 마침내 볼 수 있을 것입니다.

삼가 생각건대 이러한 말들은 자기와 대등한 위치에 있거나 그 아래에 있는 사람으로서도 진실로 용납하여 차마 견딜 수가 없을 것이나, 전하께서 처리하신 바는 당초 구금하는 것으로 그치는 데에 불과하였습니다. 비록 삼사(三司)의 법대로 시행하라는 청(請)이 날마다 이르러도 여전히 따르지 않았으니, 아마도 성상이 말은 비록 죄줌직하나 마음 또한 다른 뜻이 없는 까닭에 짐짓 이렇게 너그러운 마음으로 참아 용서하시면서 천천히 그 이치를 보아 잘 처리하려고 생각하였던 것입니다. 신(臣) 등이 흠앙(欽仰)하는 것은 전하께서 포용하시는 덕량(德量)이 진실로 이미 보통보다 만배 이상으로 나온 것이나, 그래도 천지처럼 위대한 성상께 유감이 없을 수 없는 것은 감옥에 갇힌 죄수에게 이미 죄를 감하도록 수개월 동안 결정하지 못하고도 되레 지체하며 머뭇거리는 것 같기 때문입니다. 만일 국사를 말하는 신하[臺諫]에게 감옥 안에서 여위어 죽게 하여 혹여 중한 견책을 받고 파직된다면, 천하의 후세사람들 또한 장차 말하기를, "아무 때 아무 개가 어떤 일을 말하여 무슨 죄를 받았다."라고 할 것입니다. 이는 원앙(袁盎)이 오늘날 다시 살아나게 하여서 성스러운 덕에 한문제(漢文帝)에게 끼쳤던 부끄러움이 있도록 하는 것이니, 어찌 크게 염려할 일이 아니겠습니까. 이것은 신(臣) 등이 깊이 우려하고 매우 가슴 아파하여 부득불 우러러 호소하는 까닭입니다.

아! 전하께서는 왕위에 오른 지 여러 해가 되었습니다. 지금의 세상을 헤아려 보건대, 임금과 면대하여 조정에서 간쟁하며 남이 말하지 못하는 것을 말하는 자가 몇 사람이나 있습니까? 설령 변고가 있더라도 능히 목숨을 바쳐 나라를 위해 죽을 자가 과연 누구겠습니까? 쇠퇴한 말세의 나쁜 풍조로 신하의 도리가 어그러지니, 벼슬길에 나아가서는 "예예." 하고 물러나서는 "그렇지 않다." 하며 마음과 입이 서로 다르게 말하여 사정과 형편에 따라 태도를 달리하는 자가 즐비합니다. 정온 같은 자는 그가 발언한 것이 비록 격식에 반드시 부합했다고 보장할 수 없을 지라도 그 속마음을 숨기지 않았으니, 임금을 섬기는 데 속임이 없어야 된다는 도리는 진실로 지닌 것입니다. 이것이 어찌 밝은 시절에 사랑하고 아낄 만한 것이라고 생각할 수가 없겠습니까. 삼가 바라건대 전하께서는 용납하기 어려운 것을 용납하시고 용서하기 어려운 것을 용서하시며 천지처럼 만물을 포용하시되 세차게 질책하고 분노하시면, 위로는 국맥(國脈: 국운)을 배양하고 아래로는 사람들의 마음을 시원하게 소생시킬 것이니, 그 일이 비록 대단하기는 하지만 그 단서는 바로 여기에 있는 것입니다.

아! 군신 사이의 대의(大義)는 사람의 마음에 본래부터 있는 것에서 근원한다고 하니, 신(臣) 등은 모두 말단의 관직에 예속되어 200년 동안 끼치고 남은 은택(恩澤)을 흠뻑 받았습니다. 타고난 분수가 비록 천할지라도 임금을 향한 마음은 속이기 어려우니, 오늘 올린 말씀은 진실로 정온만을 위하여 꺼낸 것이 아닙니다. 삼가 바라건대 전하께서는 굽어살피옵소서. 신(臣) 등은 간절하고도 그지없는 정성스러운 마음을 견디지 못하겠습니다.

擬伸救司直鄭蘊疏[1]【正言吳長製, 郡守李大期潤色之.】

臣惟說等, 伏以國運不幸, 凶孼搆逆, 殿下處人倫之變, 念關宗社, 情懸至親, 遲難[2]疚懷[3], 一年于茲。臣等雖以賤遠之分, 已不得奔走討賊之列, 而愛君憂國, 均有此性, 當不諱之時, 遭可言之事, 又豈含默[4]而不爲之陳達, 以負我聖上天地生成之厚恩哉? 臣等伏聞頃者前司直臣鄭蘊上章言事, 冒觸天威, 方在牢囚[5], 蘊之措辭[6]謬妄[7], 語意顚倒, 按法定罪, 萬罪[8]猶輕。第伏念自古上必有仁聖之君, 包含容受, 然後下得以盡其所言, 蘊之所以披肝瀝血, 敢自唐突於雷霆之下者。亦惟恃殿下如天之大, 如日之明, 擬以聾瞽之見, 仰補涓埃[9]之末, 譬如慈母愛父之前, 極口盡訴, 任意所到, 而自不知其言之過於激, 自不覺其身之陷於罪也。蘊之情迹, 不過如此而已。蘊設若不測[10]不道[11], 有意護逆, 果如論者之言, 則在㼁未死之前可也, 氣勢容有所依附[12]矣, 僥倖容有所希望矣。

---

1 擬疏(의소): 올리려고 지었다가 올리지 못한 상소.

2 遲難(지난): 시간을 더디게 끌면서 우물쭈물 망설임.

3 疚懷(구회): 친척의 죽음을 슬퍼함. 일가붙이가 죽었을 때 마음이 텅 빈 것처럼 서운하여 슬퍼하는 회포이다.

4 含默(함묵): 입을 다물고 잠잠히 있음.

5 牢囚(뇌수): 옥에 단단히 갇힌 죄수.

6 措辭(조사): 문장에 있어서 문자의 용법과 辭句의 배치.

7 謬妄(유망): 이치나 도리에 맞지 아니하여 종잡을 수 없음.

8 萬罪(만죄): 萬死의 오기인 듯.

9 涓埃(연애): 물방울과 티끌이라는 뜻으로, 아주 작은 것을 이르는 말.

10 不測(불측): 생각이나 행동 따위가 괘씸하고 엉큼함.

11 不道(부도): 도리에 어긋나 있거나 도리에 맞지 않는 듯함.

12 依附(의부): 의지하여 따름. 종속함. 빌붙음.

今則璣已死矣, 有必至之禍, 無可倚之勢, 蘊何苦而敢更扶護枯骨, 以自甘於糜粉之地哉? 雖至愚者, 必不爲是也, 蘊之不爲護逆也亦明矣。夫天下之變故無窮, 而所處之義理, 亦與之無窮, 以是義處是變, 要在合於天理之正, 以得乎人心之所安[13]而已〈矣〉。昔淮南王之廢, 處蜀郡也, 載以輜車[14], 令縣傳次[15], 袁盎以逢霧露道死, 陛下有殺弟之名, 諫之矣。淮南王果不食而死, 縣傳者, 不敢發車封[16], 至雍, 雍令發之, 以死聞。文帝悲哭, 謂袁盎曰: "吾不從公言, 卒亡淮南王." 盎曰: "陛下遷淮南王, 欲以苦其志, 使改過, 有司宿衛不謹, 故病死." 於是, 文帝用其言, 卽命丞相·御史, 逮不發封餽侍者皆棄市[17]。以列侯葬淮南王, 封其四子, 追謚置園。淮南謀反, 尙且如此, 則意者蘊之疏, 其亦如袁盎之遺意, 推恩[18]於旣死之後, 起義於處變之地, 將順禮葬之盛旨, 昭揭友愛之至情, 必欲使聖德無一事之或缺, 聖心無一毫之可疑, 盡情法之

---

13 合於天理之正, 以得乎人心之所安(합어천리지정, 이득호인심지소안): 《論語》〈述而篇〉 集註의 "백이는 아버지의 遺命을 존중하였고, 숙제는 천륜을 중시하였으니, 나라를 사양한 것은 다 천리의 바름에 합하고 인심의 편안함에 나아가기를 구한 것이다.(蓋伯夷以父命爲尊, 叔齊以天倫爲重, 其遜國也, 皆求所以合乎天理之正而卽乎人心之安.)"에서 나오는 말.

14 輜車(치거): 검은 색의 수레. 수레의 몸체 앞쪽에는 창문이 있어 통풍할 수 있었고, 뒤쪽에는 문이 있었다. 漢나라에서는 죄를 저지른 王侯나 고위 관원을 압송할 때는 일반 죄인에 사용하는 檻車 대신 종종 비교적 편안한 輜車를 사용하였으며, 노복 등도 수종할 수 있도록 하였다.

15 傳次(전차): 次傳의 오기. 각 縣들로 하여금 차례로 전송하도록 함.

16 車封(거봉): 죄인을 호송하는 檻車의 몸체 뒤쪽에 있는 문을 봉인한 종이. 이동 중에 죄인의 도주나 외부와의 연락을 방지위한 것이다.

17 棄市(기시): 옛날 중국의 형벌. 죄인의 시체를 길거리에 버리던 벌이다.

18 推恩(추은): 조선시대에 임금이 신하의 부모에게 관작을 내리던 일.

施, 極人倫之至[19], 區區寸誠, 此外無餘。而愚戇之人, 昡於語面, 朴直之性, 失諸引喩, 至如篇首所謂假手二字, 固臣子所不忍聞者, 然觀其疏曰: "聖上之意, 終始保全, 而鄭沆乃敢殺之." 是蘊之本情, 實欲爲殿下曝白於萬世也。惟其如是, 故一聞柳潚[20]之言, 自知其爲錯, 便卽更改, 略無遲難, 則可知一篇主意初不在此, 而短拙朴野, 無所掩蓋[21]之實, 終〈亦〉可見矣。竊伏念此等語, 在敵以下, 固不容堪忍, 而殿下之所以處之者, 初不過拘係而止焉。雖以三司按律之請日至, 而猶不從, 豈聖意〈以爲〉言雖可罪, 心亦無他, 故姑爲是容忍, 徐觀其理而善處也耶。臣等欽仰[22], 殿下包容之量, 固已出尋常萬萬, 而猶不能無憾於天地之大者, 犴獄[23]之囚, 已從末減[24], 數月不決, 還似遲疑。萬一使言事之臣, 瘦死獄中, 或得重譴而罷, 則天下後世, 亦將曰: "某時某臣, 言某事得某罪." 是使袁盎復生於今日, 而聖德有愧於文帝, 豈不大可念也?

---

19 人倫之至(인륜지지): 성인군자의 면모. 《孟子》〈離婁章句 上〉에 "규구는 방원의 지극함이요 성인은 인륜의 지극함이다.(規矩, 方員之至也, 聖人, 人倫之至也.)" 하였고, 《荀子》〈解蔽〉에 "성인이란 인륜을 극진히 한 사람이다.(聖也者, 盡倫者也.)" 하였다.

20 柳潚(류숙, 1564~1636): 본관은 高興, 자는 淵叔, 호는 醉吃. 柳夢彪의 아들이다. 1597년 정시 문과에 급제하였다. 1612년 金直哉의 옥을 다스린 공로로, 1613년 亨難功臣으로 책록되었다. 1613년 예조참의였던 그는 國舅인 金悌男이 영창대군을 추대하려는 반역을 모의한 주동자로 국법에 따라 賜死해야 한다고 하였다. 대북계열의 관료로서 계축옥사에도 참여하여 사람들의 비난을 받았다. 1623년 인조반정이 일어나자, 李爾瞻의 심복으로 지목받아 淸河에 유배되었다.

21 掩蓋(엄개): 덮어 감춤.

22 欽仰(흠앙): 공경하여 우러러 사모함.

23 犴獄(안옥): 감옥. 犴은 지방에 있는 감옥, 獄은 중앙에 있는 감옥을 뜻한다.

24 末減(말감): 가벼운 형벌.

此臣等所以深憂隱痛, 不得不仰籲者也。嗚呼! 殿下臨御[25]有年矣。度今世面折廷爭, 言人所不能言者, 有幾人耶? 設有變故, 其能致命殉國者, 果誰耶? 襄季[26]偸風, 人臣道缺, 進則唯唯, 退則否否, 心口異語, 情形殊態者比比也。若蘊者則其言之所發, 雖不保其必中於程式[27], 而不諱所懷, 事君勿欺, 則固有之矣。是豈不可以爲明時愛惜者哉? 伏願殿下, 容其所難容, 而恕其所難恕, 若天地之含容萬物, 悍疾憤厲, 上可以培養國脉, 下可以蘇快人心, 其事雖大, 其端在此矣。嗚呼! 君臣大義, 根於人心之所固有[28], 臣等俱隷冠衿[29]之末, 沐浴二百年之餘澤。素分雖賤, 丹心難誣, 今日之言, 實非爲蘊發也。伏願殿下有以垂覽焉, 臣等無任激切懇悃[30]之至。

---

25 臨御(임어): 임금이 그 자리에 임함.

26 襄季(양계): 衰季의 오기. 쇠퇴한 말세.

27 程式(정식): 일정한 표준이 되는 방식이나 규정.

28 根於人心之所固有(근어인심지소고유): 《孟子》〈梁惠王章句 上〉 集註의 "인의는 인심의 고유함에서 근원하였으니 천리의 공이요, 사심은 남과 내가 서로 나타냄에서 생기니 인욕의 사사로움이다.(仁義, 根於人心之固有, 天理之公也, 利心, 生於物我之相形, 人欲之私也.)"에서 나오는 말.

29 冠衿(관금): 갓과 옷. 옷과 갓을 차려 입은 관리를 말한다.

30 懇悃(간곤): 간곡한 정성.

참고

갑인봉사
甲寅封事

【필선(弼善)에서 사직(司直)으로 교체되었을 때이니, 2월 20일이다.】

삼가 아룁니다. 아! 전하께서는 인자하고 거룩한 덕을 지니셨기에 인륜의 변고를 불행히 만나서도 그 처리할 도리를 다하려고 하셨으나, 끝내 자유로이 할 수가 없어서 거칠고 사나운 무부(武夫)에게 손을 빌리셨으니【협주: '속임을 당하셨으니'로 고침】 성스러운 덕에 누를 끼친 것이 이미 크지 않겠습니까?

오늘날 이의(李㼁: 영창대군)의 죄를 논하는 자들이 첫째는 화본(禍本: 화의 근본)이라 말하고, 둘째는 기화(奇貨: 훗날 절호의 기회에 이용될 인물)라 말합니다. 그 말이 진실로 일리가 없지는 않지만, 잠시 제왕(濟王) 조횡(趙竑)의 일을 원용하여 견주어 본다면 또한 할 말이 있습니다. 제왕이 처음에는 황태자가 되었다가 간사한 신하들에게 질시를 받아 번방(藩邦)으로 쫓겨가 있었는데, 얼마 되지 않아 적도(賊徒)에게 옹립되어 몸에 황포(黃袍)를 두르고서 약속과 맹세를 이미 하고 말았지만, 비록 그 일이 도움이 되지 않을 줄

알아 곧바로 토벌하고 평정한 공이 있었으나 자신에게 짊어지워진 악명은 그대로 남게 되었습니다. 지금 그것을 보니 당시의 화본(禍本)으로 조횡 만한 이가 없었고, 흉악한 역적의 기화(奇貨) 또한 조횡 만한 이가 없었습니다. 사미원(史彌遠)이 음모를 꾸며 그를 죽였으니 사직을 안정시키려는 충성이라고 할 수 있겠으나, 당시 사람들은 그의 죽음을 원통하게 여기고 후세 사람들도 그를 죽인 것을 심하다고 여기는 것은 무엇 때문이겠습니까?

저 진덕수(眞德秀)의 말을 살펴보니, 그가 이르기를, "삼강(三綱)과 오상(五常)은 세상[宇宙]을 떠받치는 대들보요 백성을 안정시키는 주춧돌이다. 사람이고서 이것이 없으면 갓을 쓰고 옷을 입었을지라도 짐승 같은 짓을 할 뿐이며, 나라이고서 이것이 없다면 중화(中華)에 살지라도 변방의 오랑캐일 뿐이다."라고 하였습니다. 그 말이 이와 같이 통절했던 자였지만, 참으로 조횡의 자취를 두고서 설사 뭐라고 하더라도 조횡의 마음은 본디 의심할 만한 것이 없었기 때문에 그 정상을 살펴 그 원통함을 씻고자 추봉(追封)하고 후사(後嗣)를 세우도록 청하였습니다. 옛날의 군자가 한때의 이해만을 따지지 않고 오직 의리에 마땅한가 그렇지 않은가만을 논하면서 윤리와 기강이 혹시라도 문란해질까 임금의 덕이 혹시라도 그릇될까를 애태우며 경계하여 인도한 것이 어떻겠습니까.

지금 이의(李璣)는 일개 왕자일 뿐, 본심이 이와는 현저히 다른데다 역적의 공초(供招)에서만 나왔고 일찍이 옹립한 흔적이 있지 않습니다. 어려서 아는 것이 없는데 또한 어찌 반역을 꾀할 마음이 있었겠습니까? 만약 진덕수의 무리를 우리 조정에 벼슬하게 했었다면, 기꺼이 죽이기를 청하려 하지 않았을 것이 분명합니다.

삼가 생각건대, 전하께서는 아무것도 모르는 어린아이를 깊이 가엽게 여기시고 선왕(先王)의 남기신 가르침을 받들어 실행하시느라 그를 보호해 주어 온전하고 편안하게 해 주는 것을 생각하는데 지극함을 다하지 않음이 없으셨으니, 온 관료가 조정의 뜰을 가득 메운 채 삼사(三司)가 연명하여 상소한 지 지난해부터 올해 봄까지 세월이 얼마나 많이 지났습니까만, 측은하게 여기는 심정을 가누기가 어려워 끝내 윤허하지 않으셨습니다.

아! 전하께서 이의(李㼁)와 서로 용납하지 못하리라는 것을 어찌 알지 못하였겠습니까? 그러하지만 시일을 끌며 오래될수록 더욱 거부하신 것은, 역적의 자식일지라도 오히려 나이가 들기를 기다린 사례가 있었거든 하물며 나이 어린 아우에게 갑자기 형장(刑章: 형벌)을 시행하는 것을 합당하다고 바랐겠으며, 그래서 강도(江都)에 안치하여 나이가 차기를 기다리면서 그의 품은 뜻과 행실이 어떠한가를 보고 천천히 처치하더라도 늦지 않을 것이리라 여겼기 때문이 아니었겠습니까? 성상의 뜻이 어디에 있는지를 명백하게 알 수 있었는데도 추국(推鞫)하는 신하들이 한 해가 넘도록 입시했으면서 그 아름다운 뜻을 받들어 따르려는 한마디 말도 없었고, 삼사(三司)의 많은 관원들은 줏대 없이 따르기만 잘해 덕으로써 임금을 사랑하는 자가 한 사람도 없었으니, 임금의 덕이 잘되고 잘못되는 것을 보는데 있어서 마치 월(越)나라 사람이 수척한 진(秦)나라 사람을 보듯이 전혀 관심을 갖지 않은 것과 같습니다. 아! 전하의 형세는 고립되어서 도와주는 이가 없다고 할 만합니다.

더욱 통탄하는 것은 전하께서 이의(李瀷)를 대우하여 죽이지 않았으나 정항(鄭沆)이 죽이고, 조정에서 법으로써 논죄하였으나 정항이 핍박하여 죽게 하는 바람에, 전하로 하여금 대순(大舜: 순임금)이 상(象: 순임금의 이복 동생)을 처우한 것처럼 할 수 없게 하였고, 한(漢)나라·당(唐)나라 이하의 임금처치한 것이 다 도리에 맞지 않았던 그런 상황으로 돌아갈 수밖에 없도록 한 것입니다. 아! 사람을 죽인 자는 사형시키는 것이 국법으로 매우 엄합니다. 죄없는 평범한 사람을 죽인 자조차도 용서할 수 없는데, 하물며 우리 임금의 친동기를 죽인 자이겠습니까? 신(臣)이 어리석게 생각하기로는 정항을 참하지 않는다면 아마도 전하께서 선왕(先王)의 묘정(廟庭)에 들어갈 면목이 없을 것입니다.

아! 이미 지난 허물은 비록 간언할 수 없지만 장래의 아름다움은 그래도 혹 추급(追及)할 수 있으니, 살아서 서로 용납하지 못한 것은 당시의 형세이나 죽어서 은전(恩典)을 내리는 것은 인정입니다. 옛날 송(宋)나라 태종(太宗: 趙光義)은 동생 조정미(趙廷美)에 대해 이미 죽음에 이르도록 한 뒤로 곧 관작(官爵: 涪王)을 내리고 그의 아들[趙珏]을 보살펴 주는 은혜를 내리도록 하였으며, 진종(眞宗: 송 태종의 셋째 아들)은 형인 원좌(元佐: 송 태종의 첫째 아들)에 대해 역모의 주모자만 주벌하고 오랫동안 폐위되어 서인(庶人)으로 있던 형의 봉작(封爵)을 회복해 주었으니, 이것들은 성대한 덕에 관계된 일입니다.

어진 사람은 아우에게 노여움을 감추지 않고 원한을 묵혀 두지 않는다고 했거늘, 하물며 전하께서 이의(李㼄)에게 이미 감추어 둔 노여움이 없사온데 어찌 묵혀 둔 원한이 있겠습니까? 그 죽음이 억울함을 길 가는 이도 오히려 슬퍼하는데 하물며 전하의 애통한 마음이야 의당 또 어떠하겠습니까? 신(臣)이 알기로는 요즈음 전하의 건강이 편안치 못하신 것도 지나치게 비통해 하신 데서 나온 것입니다.

신(臣)의 어리석은 생각으로는 의당 유사(有司)에게 영창(永昌)의 호를 이제라도 회복하여 대군(大君)의 예로 장례를 치르도록 명하고, 또한 애통해 하시는 교서(教書)를 내려서 사방의 백성들로 하여금 전하의 지극정성으로 우애하는 본심을 환히 알게 하셔야만, 위로는 하늘에 계신 선왕(先王)의 영령(英靈)을 위로할 수 있고 아래로는 온 백성들이 보고 들은 의혹을 풀 수 있어서 후세에 전해져도 장차 할 말이 있게 될 것입니다. 오늘날 맑고 밝은 조정에는 성장(盛章)과 왕기(王堅)처럼 교조(矯詔: 임금의 명령이라고 꾸민 조서)를 내리는 자가 없을 것인데, 전하께서는 무엇을 꺼려 행하지 않으십니까?

또한 신(臣)의 사사로운 근심과 지나친 염려는 이보다 더 심한 것이 있으니, 그것을 다 말하지 않을 수 없습니다. 송(宋)나라의 신하 한기(韓琦)의 말에 이르기를, "부모가 자애롭고 자식이 효도하는 것이야 보통 있는 일이라서 말할 것이 못되지만, 다만 부모가 자애롭지 못한데도 자식이 효심을 잃지 않아야 칭송할 만하다."라고 한 것은 진정 훌륭한 말이니, 대비(大妃: 인목대비)께서 비록 혹 전하께 자애롭지 못했을지라도 전하께서는 어찌 대비께 효성을 다하지 않을 수 있겠습니까? 더구나 이의(李㼁)가 이미 죽었으니 다시 무슨 시기하고 이간질할 것이 있겠습니까? 원하건대 이제부터는 사악하게 참소하는 말을 배척해 근절시키고 서로 모함하는 길을 막아 통하지 못하게 하여서, 만약 간사한 짓을 하는 못된 무리가 감히 좋지 못한 말로 대비를 언급하면 즉시 유사(有司)에게 넘겨서 중형(重刑)으로 논죄하도록 하소서. 전하 또한 의당 공손히 자식된 직분을 다할지니, 문안하는 예를 그만두지 마시고 수라상을 보살피는 정성을 게을리하지 마시어 대비의 환심(歡心)을 얻도록 힘써서 애초와 같은 모자 관계를 다시 보게 되면 어찌 지난날 과실을 덮고 새로운 교화를 밝히기에 족하지 않겠습니까? 비록 그러하나 이것을 행하려면 방법이 따로 있으니 아첨하는 사람을 멀리하는 것뿐입니다.

아! 모자와 형제 사이를 남이 어찌 쉽게 말할 수 있겠습니까? 설령 관숙(管叔)과 채숙(蔡叔) 같이 마땅히 죽여야 할 죄가 있고 여후(呂后: 여태후)와 무후(武后: 측천무후) 같이 폐위시킬 만한 악행이 있다 하더라도, 언관(言官)이 된 자는 마땅히 먼저 동료들과 상의하고 그 다음으로 타사(他司: 형조, 한성부)에 통지하고서, 위로는 대신(大臣)에게 고하고 아래로는 재신(宰臣)들에게 물어서 논의가 합일되기를 기다린 뒤에야 계사(啓辭)나 차자(箚子)에 발설해야 하는 것이니, 바로 그 일을 중하게 여기기 때문입니다. 지난번에 정조(鄭造)·윤인(尹訒: 尹訒의 오기)·정호관(丁好寬) 등이 앞장서서 대비를 폐위하고 아우를 죽이자는 의논을 내놓았으나, 동료에게 상의하지도 않고 대신에게 고하지도 않고 재신들에게도 묻지도 않은 채 슬그머니 완석(完席)에서 발언하고 갑자기 피혐(避嫌)하는 말 가운데 드러냈었는데, 일개 수령을 논죄하고 말단 관원을 탄핵하는 데에도 오히려 혹 얼른 처리하지 못하고 어물쩍 미루던 것만도 못했으니, 이는 그들의 마음을 알기 어렵지 않습니다.

대개 근년 이래로 요행을 바랄 수 있는 문이 한번 열리면서 훈명(勳名)이 크게 남발되자, 공훈을 탐내느라 화(禍)를 즐기는 무리들이 연이어 일어나 심지어 우리 임금의 지친(至親)까지도 자기의 부귀를 낚는 미끼로 삼는 지경에 이르렀으니, 비유컨대 짐승을 쫓는 자가 남을 밀어제치고 혼자 달려가서 먼저 잡아 죽이는 공을 얻기 바라는 것과 같습니다. 아! 신하가 되어서 어찌 차마 이러한 일을 할 수 있겠습니까? 신(臣)의 어리석은 생각으로는 전하께서 모자간의 은혜를 온전히 하려 하신다면 속히 세 사람을 잡아들여 변방으로 내쫓아서 나라 안에 함께 살지 못하도록 한 뒤에라야 참언(讒言)하는 주장들이 일어나지 못하고 삼강오상(三綱五常)이 세상[宇宙]에 환히 드러나게 될 것입니다.

신(臣)은 본래 멀리 고적한 곳에 있는 처지로 외람되이 전하의 지우(知遇)를 받아 이미 공신(功臣)의 반열에 든데다 또한 청직(淸職)을 차지하고 있지만, 스스로 재주와 역량을 헤아리건대 달리 보답할 길이 없어서 그저 물기범(勿欺犯: 윗사람을 속이지 말고 윗사람의 안색을 살펴 숨기지도 말고 바른말을 함)이라는 세 글자를 지니고 평생 임금을 섬기는 법도로 삼았으니, 저 맹자(孟子)가 '나만큼 왕을 공경하는 이가 없다.'라고 한 말의 뜻을 삼가 스스로 따르고자 하였습니다. 바야흐로 대론(大論: 金直哉 獄事)이 나왔을 적에는 벼슬을 그만둔 한산한 처지에 있었거나 질병으로 인하여 한번도 백관(百官)들의 뒤를 따라 참여하지 못했었습니다. 그런데 근래에 사람들의 말이 망극하게도 역적을 비호한다고 지목하며 기어이 사지(死地)에 몰아넣으려는 것이었습니다. 신(臣)이 스스로 생각건대, '직책은 간언(諫言)할 책임을 맡은 것이 아닌 데다 집에는 연로한 어머니가 계시지만, 참소에 의한 칼날에 부질없이 죽기보다는 차라리 한마디 말씀을 드리고 천둥 같은 전하의 격노 아래서 죽는 것이 더 낫겠다.'라고 여겼으니, 병을 무릅쓰고서 조정에 나아가 한번 아뢰고 이내 물러나와서는 마음속에 품은 생각을 소장(疏狀)으로 올려서 궐문을 우러러 절규하여 미천한 신(臣)의 뜻을 토로하고서도 전하의 결점을 보좌할 수 있기를 간절히 바랐습니다.

그러나 생각만 하였지 실천으로 옮기지 못하다가 오늘에까지 이르렀으니, 잘못을 미처 바로잡지 못한 죄는 신(臣)에게 실로 있으며, 무고한 사람을 죽이도록 청한 죄도 신(臣) 또한 면하기가 어렵습니다. 삼가 바라건대, 전하께서는 먼저 신(臣)의 죄를 바로 다스리시어 그 불충한 점을 밝히소서. 신(臣)은 비록 만 번 죽는다 해도 감히 원망하거나 후회하지 않겠습니다. 신(臣)은 간절하고도 두려운 마음이 지극함을 견디지 못한 채, 삼가 죽음을 무릅쓰고 아룁니다.

【상소가 들어가자 광해군이 크게 진노하여 승정원을 엄중히 문책하고 상소를 받아들인 승지를 파직시켰다. 이에, 삼사(三司)가 모두 삭탈한 뒤 절도(絶島: 육지에서 멀리 떨어진 바다의 외딴섬)에 안치(安置)시키도록 논하였으나, 광해군이 오히려 그 처벌이 가볍다면서 노여워하며 삼사를 준엄하게 꾸짖으니, 그래서 곧바로 잡아다가 국문하기를 청하였다. 공이 3월 옥에 갇히게 되었고, 6월에는 광해군이 친국(親鞫)하였으며, 가을에 다시 공초(供招)를 받고 이어서 대정현(大靜縣: 제주도 소재)에 안치하도록 명하였다.】

甲寅封事【以弼善遞付司直, 時二月二十日】

伏以嗚呼! 以殿下仁聖之德, 不幸遭人倫之變, 欲盡其處之之道, 而終不得自由, 未免假手【改見欺】於麤悍[1]之武夫, 其爲聖德之累, 不旣大矣乎? 今之論㼁之罪者, 一則曰禍本也, 二則曰奇貨[2]也。其言固不爲無理, 而試以濟王竑之事, 援而比之, 則亦有說焉。濟王, 初爲皇太子, 見嫉於奸臣, 退處藩邦, 未幾爲賊徒所擁, 黃袍加身, 約誓已成, 雖知其事之不濟, 旋有討平之功, 而身負惡名, 則有之矣。以今觀之, 當時禍本, 莫竑若也, 兇賊奇貨, 亦莫如竑也。彌遠陰謀殺之, 可謂安社之忠, 而時人冤其死, 後世甚其殺者, 何歟? 觀夫眞德秀[3]之言, 曰: "三綱五常者, 扶持宇宙之棟幹,

1 麤悍(추한): 거칠고 사나움.
2 奇貨(기화): 어떤 목적을 이루는 데 이용할 수 있는 좋은 기회.

奠安生民之柱石。人而無此, 冠裳而禽犢⁴矣, 國而無此, 中夏而
裔夷⁵矣." 其言之痛切如此者, 誠以竑之跡, 雖或云云, 而其心本
無可疑, 故原其情, 而雪其冤, 仍請追封立後。古之君子, 不計一
時之利害, 惟論義理之當否, 惓惓⁶以倫紀之或紊, 君德之或愆, 告
戒而勸導之者, 爲如何哉? 今璵, 一王子耳, 心迹與此懸殊, 只出
賊招, 未嘗有擁立之迹矣。蒙無知識, 亦安有謀逆之心乎? 如使德
秀之輩, 立乎本朝, 則其不肯請殺也, 明矣。恭惟殿下, 深憐童子
之無知, 仰體先王之遺教, 思所以保護而全安之者, 蓋無所不用其
極, 百僚盈庭, 三司交章⁷, 自去年迄今春, 凡幾何日月, 而惻念難
遏, 兪音⁸終閟。嗚呼! 殿下之於璵, 豈不知其不相容也? 然而留時
引日, 愈久而愈拒者, 豈不以逆賊之子, 猶有待年之事? 況於幼稚
之弟, 豈合遽施刑章? 安置江都, 待其年滿, 觀志行之如何? 而徐
爲之處, 亦非晚也。聖意所在, 灼然⁹可知, 而推鞫諸臣, 經年¹⁰入
侍, 無一言將順其美, 三司多官, 善爲雷同, 無一人愛君以德, 其

3　眞德秀(진덕수, 1178~1235): 宋나라의 학자. 호는 西山, 시호는 文忠. 慶元
　　때 진사가 되어 벼슬이 參知政事에 이르렀다. 강직하기로 유명하였는데, 조정에
　　있을 때 올린 奏疏의 數十萬言은 모두 절실한 것이었다. 朱子學派의 학자이다.

4　禽犢(금독): 짐승과 같은 짓. 친척 사이에서 발생한 음란한 짓을 가리키는 말로
　　쓰인다.

5　裔夷(예이): 변방에 있는 오랑캐.

6　惓惓(권권): 진심을 다하는 모양.

7　交章(교장): 사헌부나 사간원의 여러 관원이 연명하여 상소함.

8　兪音(유음): 신하의 말에 대하여 내리는 임금의 대답.

9　灼然(작연): 명백한 모양.

10　經年(경년): 해를 보냄. 해가 지나감.

視君德之得失, 不啻若越瘠之秦視[11]。噫! 殿下之勢, 可謂孤立而無助矣。尤可痛者, 殿下待之以不死, 而鄭沆待之以死, 朝廷論之以其法, 而鄭沆迫之使死, 使殿下不能如大舜之處象[12], 而未免爲漢·唐以下人君處置未盡合理之歸焉。噫! 殺人者死, 國法甚嚴。殺凡人無辜, 且罔赦, 況殺吾君同氣之親乎? 臣愚以爲, 不斬鄭沆, 恐殿下無面目入於先王廟庭也。嗚呼! 旣往之咎, 雖不可諫, 將來之美, 猶或可追, 生不相容者, 勢也, 死有贈典者, 情也。昔宋太宗[13]之於廷美[14], 旣致之死, 而旋有封爵恤孤[15]之恩, 眞宗[16]之於

---

11 越瘠之秦視(월척지진시): 韓愈의 〈爭臣論〉에 "일찍이 정치에 대해서 한마디 말도 한 적이 없어서, 정치의 잘잘못을 보기를 마치 월나라 사람이 진나라 사람의 살찌고 여윈 것을 보는 것처럼 하여, 기쁘거나 슬픈 감정을 조금도 마음에 두지 않았다.(未嘗一言及於政, 視政之得失, 若越人視秦人之肥瘠, 忽焉不加喜戚於其心.)"라고 한 데서 나오는 말.

12 大舜之處象(대순지처상): 象은 舜임금의 이복 동생. 그가 부모와 함께 갖은 방법으로 순을 죽이려 하였으나, 순임금은 우애의 정을 다하여 감화시킨 고사가 있다.

13 宋太宗(송태종): 중국 송나라 제2대 황제 趙匡義. 뒤에 光義, 즉위한 뒤에는 다시 趙炅으로 고쳤다. 태조 趙匡胤의 동생이다. 그가 형을 죽이고 왕위를 빼앗았으며, 형의 아들을 압박하여 죽게 하고, 황태자 남동생 趙廷美를 압박하여 죽게 하여, 황위를 자기 아들에게 계승(子嗣) 하도록 독차지했다. 그는 또 花蕊부인을 쏘아 죽였고, 南唐 마지막 군주 李煜을 독살하기 전에 그의 아내 小周를 폭행하고, 또 본 吳越 왕 錢俶을 독해했다. 태종의 장자는 미치게 됐고, 둘째 아들은 황태자로 책봉됐지만, 결과는 병이 들어 죽었고, 셋째 아들은 천자의 자리(眞宗)에 올랐으나 그의 아들딸들이 잇따라 요절하고, 유일한 아들인 仁宗만 남았다. 그러나 인종은 후대의 자식이 없었다. 당숙의 아들을 양자로 들였다.

14 廷美(정미): 趙廷美. 송나라 태조와 태종의 이복 형제. 본명은 光美이다. 태종 때 무고를 당하여 房州에 안치되자 두려워하다가 그것이 병이 되어 죽었다. 송태종은 조정미를 涪王으로 추봉하였고, 조정미의 아들 趙珏을 襄陽王으로 삼았다. 그러나 양양왕은 뒤에 반란을 일으켰다가 包拯 등에 의해 토벌당하였다.

15 恤孤(휼고): 고아를 구제함.

16 眞宗(진종): 중국 송나라 제3대 황제 趙恒. 이름은 처음에는 德昌이었으나, 후에

元佐[17], 只誅首謀, 而起封於久廢之中, 此盛德事也。仁人之於弟也, 不藏怒焉, 不宿怨焉[18], 況殿下之於㼁, 旣無可藏之怒, 焉有可宿之怨乎? 其死之冤, 路人猶悲, 況聖上哀痛之懷, 當復何如? 近日玉候之靡寧, 臣知其出於哀傷之過也。臣愚以爲, 宜命有司, 追復[19]永昌之號, 葬以大君之禮, 又下哀痛之敎, 使四方臣庶, 曉然知殿下至誠友愛之本心, 則上可以慰先王在天之靈, 下可以解萬民視聽之惑, 而傳之後世, 亦將有辭。今日淸明之朝, 必無章堅之繳詔[20], 殿下何憚而莫之爲也。抑臣之私憂過慮, 又有甚於此者, 不得不盡其說焉。善乎! 宋臣韓琦[21]之言, 曰: "父母慈而子孝, 此

元保·元侃, 다시 恒으로 바꾸었다. 태종의 셋째 아들로 태종이 죽자 즉위했다. 도교를 신봉하는 한편 재정을 충실히 하고 산업과 학문을 장려하였다. 과거를 거친 관료가 官界를 차지하고 천자의 권력이 한층 강화됨과 동시에 재상의 권한은 줄어들고 그 풍격도 변하였다.

17 元佐(원좌): 趙元佐. 송나라 제2대 황제 태종 趙光義의 장남. 처음 이름은 趙德崇이었다가 동궁으로 옮겨살면서 楚王으로 봉해지고 元佐로 개명하였다. 태종 때 조원좌의 숙부인 秦王 趙廷美가 역모를 꾸미려고 한다는 소문이 돌아서 태종에 의해 부릉군왕으로 강등되었다. 조원좌는 이 사태를 알고 태종에게 숙부인 조정미의 억울함을 풀어달라고 간청하였으나 태종은 조원좌의 간청을 무시하였고 조정미는 결국 병으로 세상을 떠났다. 조원좌는 슬픔 속에 결국 미쳐버려서 작은 잘못에도 시종을 칼로 찔러 죽여버리기도 했다. 조원좌는 결국 폐서인되었고 均州에 유폐되었다. 태종이 세상을 떠나고, 새롭게 황제로 즉위한 조원좌의 동생인 진종은 형의 처지를 동정하며 그의 작위를 다시 복원시켜주었다.

18 仁人之於弟也, 不藏怒焉, 不宿怨焉(인인지어제야, 부장노언, 불숙원언): 《孟子》〈萬章章句 上〉에 나오는 구절.

19 追復(추복): 죽은 다음에 원래의 직위로 회복시키는 것.

20 章堅之繳詔(장기지격서): 조횡이 죽자 理宗은 조회를 정지하고 부의를 후하게 내리고 靜鎭潼軍節度使에 추증하였는데, 이때 給事中 盛章과 權直舍人 王堅가 재차 조서를 반려하여 이종은 결국 이들의 의견을 따른 것을 일컬음.

21 韓琦(한기, 1008~1075): 북송의 정치가. 四川의 飢民 190만 명을 구제하고,

常事, 不足道, 惟父母不慈而子不失孝, 乃爲可稱." 大妃雖或不慈於殿下, 殿下安得不盡孝於大妃乎? 況㼁已死矣, 復何疑間[22]之有哉? 願繼自今, 斥絶讒邪之言, 杜塞交搆[23]之路, 如有奸細之徒, 敢以不好語, 及於大妃, 卽付有司, 論以重律。殿下亦宜恭爲子職, 不廢問安之禮, 無怠視膳[24]之誠, 務得大妃之歡心, 重見母子之如初, 則豈不足以掩前失而明新化乎? 雖然, 爲此有道, 遠佞人[25]而已。嗚呼! 母子兄弟之間, 人豈易言之哉? 設有當誅之罪如管蔡[26], 可廢之惡如呂武[27], 爲言官者, 所當先議同僚, 次通他司, 上告大臣, 下詢諸宰, 待其論議歸一, 然後發於啓箚, 乃所以重其事也。頃者, 鄭造[28]·尹訒[29]·丁好寬[30]等, 首發廢妃殺弟之議, 而不議於

西夏의 침입을 격퇴하여 변경방비에도 역량을 과시함으로써, 30살에 이미 명성을 떨쳐 추밀부사가 되었다. 이후 재상에 올랐으나 왕안석과 정면 대립함으로써 관직에서 물러났다.

22 疑間(의간): 시기하고 이간질함.

23 交搆(교구): 交構. 꾸며 얽어서 틈이 나게 함.

24 視膳(시선): 왕세자가 아침저녁으로 임금이 두실 수라상을 몸소 돌보던 일.

25 佞人(영인): 간사스럽게 아첨하는 재주가 있는 사람.

26 管蔡(관채): 管叔과 蔡叔. 관숙은 周나라 文王의 셋째 아들로 紂王의 아들 武庚을 보좌하여 은나라의 流民을 다스렸으나, 武王이 죽은 뒤 무경과 함께 난을 일으켰다가 아우인 周公에게 살해되었다. 채숙은 周나라 武王의 동생으로 周公이 섭정할 때 관숙과 함께 紂王의 아들 武庚을 받들어 모반하였다가 주공에게 쫓겨가 유배가서 죽었다.

27 呂武(여무): 呂后와 武后. 여후는 漢高祖의 황후로 고조를 보좌하여 건국 초기의 국난을 수습하였으나, 고조가 죽은 뒤 실권을 장악하여 유씨 일족을 압박하여 그의 사후에 呂氏의 난을 초래하였다. 무후는 唐나라의 則天武后로 高宗의 후궁이었는데 고종이 죽고 난 다음에 자신이 황제가 되었다.

28 鄭造(정조, 1559~1623): 본관은 海州, 자는 始之. 鄭文英의 아들이다. 1590년 생원진사 양시에 합격하고, 1605년 정시 문과에 급제하였다. 李爾瞻의 주구가

同僚, 不通於他司, 不告於大臣, 不詢於諸宰, 而竊發於完席[31]之上, 遽暴於避嫌之中, 曾不若論一守令·劾一庶官[32]之猶或持難[33], 此其心不難知矣。蓋自近年以來, 倖門一開, 勳名[34]太濫, 貪功樂禍之徒, 接跡[35]而起, 至以吾君之至親, 爲自己富貴之餌, 比如逐獸者擠人獨走, 冀得先殺之功。噫! 爲人臣子而是可忍耶? 臣愚以爲, 殿下欲全母子之恩, 亟取三人者, 投諸四裔[36], 不與同中國[37],

---

되어 仁穆大妃를 죽이려 하였으나 朴承宗의 방해로 실패하였다. 1617년 다시 폐모론을 제기하여 인목대비를 西宮에 유폐시키는 데 적극 가담하였고, 다음해 부제학·대사성을 거쳐 1619년에는 대사간이 되었다.

29 尹訒(윤인): 尹訒(1555~1623)의 오기. 본관은 坡平, 자는 訒之. 尹從龍의 아들이다. 1601년 생원이 되고, 같은 해 식년 문과에 급제하였다. 1612년 장령·필선이 되었을 때 金悌男의 처형을 주장하였으며, 더욱이 李爾瞻의 심복이 되어 이이첨의 사주를 받아, 李偉卿·鄭造 등과 함께 永昌大君의 생모 인목대비가 巫蠱를 일삼고 역모에 내응하였다는 죄목을 만들어 유폐를 상소하였다. 1617년 대사간이 되면서 李覚·정조·林建 등과 함께 인목대비의 폐모를 發論하여, 마침내 서인으로 만들어 西宮에 유폐시켰다.

30 丁好寬(정호관, 1568~1618): 본관은 押海, 자는 希栗, 호는 琴易. 丁胤福의 아들이다. 1602년 별시 문과에 급제하였다. 1613년 사헌부 지평 때 영창대군을 죄주자는 주장을 맨 처음 한 인물로 알려져 있다. 1614년 군자감정으로 있을 때 鄭蘊이 永昌大君의 처형에 대하여 부당함을 상소하였다가 논죄되자, 정온의 죄를 가벼이해 줄 것을 상소하였다가 파직되었다.

31 完席(완석): 完議席. 사헌부 관원들이 坐起할 때에 죽 둘러앉아서 의논하는 자리.

32 庶官(서관): 낮은 직급의 관원.

33 持難(지난): 일을 얼른 처리하지 못하고 어물쩍 미루기만 함.

34 勳名(훈명): 나라에 공을 세운 사람에게 주던 칭호.

35 接跡(접적): 연이어짐.

36 四裔(사예): 나라 사방의 먼 끝.

37 不與同中國(불여동중국): 《대학장구》의 "오직 어진 사람이라야 악인들을 추방하여 유배하되 사방 오랑캐 땅으로 내쫓아 중국에 함께 살지 못하게 할 수가 있는 것이다.(唯仁人, 放流之, 迸諸四夷, 不與同中國.)"에서 나오는 말.

然後讒說者不得作, 而三綱五常, 昭揭於宇宙矣。臣本以孤遠之蹤, 猥荷聖明之知, 旣參勳盟[38], 又厠淸班, 自料材力, 無他報效, 惟將勿欺犯[39]三字, 爲平生事君之節, 竊自附於莫如我敬王[40]之義矣。方當大論之發, 或在罷散[41], 或以疾病, 一未隨參於百僚之後。日者, 人言罔極, 目以護逆, 必欲置之死地。臣自念: '職非言責, 堂有老母, 與其徒死於讒鋒, 曷若一言而死於雷霆之下哉?' 力疾就庭, 一啓乃退, 思懷尺疏, 仰叫閶闔[42], 庶幾[43]暴微臣之志而補袞職之闕[44]。搆思未就, 以至今日, 不及捄正[45]之罪, 臣實有之, 請殺無辜之罪, 臣亦難免。伏願殿下先正臣之罪, 以彰其不忠。臣雖

---

38 勳盟(훈맹): 국가에 훈공이 있어 임금과 함께 희생의 피를 마시면서 功臣會盟錄에 맹세하고 서명하는 일. 이에 참여하여 각종 功臣에 봉하여진 사람들을 가리킨다.

39 勿欺犯(물기범): 《論語》〈憲問篇〉의 "속이지 말고 안색을 범하고 간쟁하라.(勿欺也, 而犯之.)"에서 나오는 말. 윗사람을 속이지 말고 윗사람의 안색을 살피지 말고 직간하라는 뜻이다.

40 莫如我敬王(막여아경왕): 《孟子》〈公孫丑章句 下〉의 "나는 요순의 도가 아니면 감히 왕 앞에 베풀지 아니하니, 그러므로 제나라 사람이 내가 왕을 공경하는 것만 같은 이는 없다.(我非堯舜之道, 不敢以陳於王前, 故齊人莫如我敬王也.)"에서 나오는 말.

41 罷散(파산): 1611년 광해군이 妖言에 혹하여 正殿인 창덕궁을 버리고 慶運宮으로 移御하려 하자, 동계는 여러 차례 啓를 올려 극력 반대했다가 마침내 노여움을 사서 사간원 정언에서 鏡城判官으로 좌천되었다.

42 閶闔(창합): 宮門. 도성의 문.

43 庶幾(서기): 간절히 바람.

44 補袞職之闕(보곤직지궐): 《朱子大全》 卷38 〈답강원적〉의 "또 말하기를 '중심의 성실함을 실천하는 자는 禮樂과 刑政의 사이에 미칠 수 있고 머나먼 사방 만리에 펼 수 있다.'라고 하였으니, 군주의 결점을 잘 보좌했다고 할 만합니다.(又曰: '體中心之誠實者, 達於禮樂刑政之間, 而加之四方萬里之遠.' 可謂善補袞職之闕.)"에서 나오는 말.

45 捄正(구정): 잘못된 것이나 그릇된 것을 고치어 바로잡음.

萬殞, 不敢怨悔。臣無任激切戰兢之至, 謹昧死以聞。【疏入, 光海大憑震電, 切責政院, 勘罷捧疏承旨。於是, 三司幷論以削奪, 絶島安置, 光海猶怒其罰輕, 誚責三司峻, 於是直請拿鞫。公三月就獄, 六月光海親鞫, 秋再招, 仍命安置大靜[46].】

46 大靜(대정): 제주도 남제주군 서부에 있는 고을.

찾아보기

ㄱ

가수(假手) 46, 62, 108
갈천(葛川) 95, 96
감오(智梧) 100, 101
강극신(姜克新) 15, 19, 21, 25
강대수(姜大遂) 63
강대적(姜大適) 62, 63
강대진(姜大進) 62
강수(姜璲) 47
강익문(姜翼文) 63
강화(江華) 18
강화도(江華島) 15
개령(開寧) 43-45
개천(介川) 97
경성(京城) 41, 95
고령(高靈) 40, 42, 43, 48
고령향교(高靈鄕校) 41
공건지(公乾池) 57, 59
공검지(恭儉池) 59
공직(公直) 54
관숙(管叔) 120, 127
광주(廣州) 67
광창부원군(廣昌府院君) 73, 74, 80, 81, 83, 87, 88
광해군(光海君) 123
국생(菊生) 23
군거(君擧) 57
군변(君變) 46
군우(君遇) 62
궁원(弓院) 98
권극행(權克行) 21, 22
권도(權濤) 15, 18, 93
권도(權韜) 36
권도(權韜) 36
권도보(權道甫) 35
권사중(權士中) 28
권양(權瀁) 103
권준(權濬) 32, 34
권집(權潗) 38, 102
권필(權韠) 36
권필(權韠) 36
권홍(權泓) 103
극보(極甫) 29, 31, 51
금탄(金灘) 64
기천서원(沂川書院) 68
기화(奇貨) 115, 116, 123
김경근(金景謹) 32, 34
김극함(金克諴) 56, 59
김모재(金慕齋) 67
김무회(金無晦) 55
김산(金山) 44, 47, 58
김성(金晟) 17, 20, 24

김안국(金安國) 68
김응규(金應奎) 21, 22
김이옥(金而玉) 40
김자장(金子長) 37
김자장(金子章) 37
김지복(金知復) 51, 52
김천(金泉) 45, 47

ㄴ

남원(南院) 100
남원(南原) 103
내암(萊菴) 77, 79
노일(盧佾) 21, 22, 27, 45
노척(盧脊) 21, 22, 32

ㄷ

단성(丹城) 24, 41, 73, 90
달보(達甫) 38, 39
담복(擔僕) 57
대군정(大君亭) 69
대론(大論) 122
대비(大妃) 120, 121
대순(大舜) 118
대정(大靜) 130
대정현(大靜縣) 123
도원촌(桃源村) 64
도전(都田) 17, 20
동문(東門) 90
동손(同孫) 102
두미포(豆尾浦) 67, 68, 93
득운(得雲) 71

ㄹ

류숙(柳潚) 108, 113

ㅁ

마고촌(馬顧村) 100
마포원(馬包院) 58, 60
만마(萬麻) 100
만마동(萬麻洞) 101
맹자(孟子) 122
모재(慕齋) 68
무후(武后) 120, 127
문경(聞慶) 57, 61
문경호(文景虎) 46, 47
물기범(勿欺犯) 122, 129

ㅂ

박건갑(朴乾甲) 21, 22
박광업(朴光業) 39
박규(朴規) 20, 22, 37
박명부(朴明榑) 15, 19
박명윤(朴明允) 43, 48
박명윤(朴明胤) 44
박문영(朴文榠) 15, 19, 104
박언방(朴彦邦) 95
박영진(朴永鎭) 51, 83, 92
박창룡(朴昌龍) 35, 40

배대유(裵大有) 76
배대유(裵大維) 76
법평(法坪) 17, 20
벽사(壁寺) 64, 66

ㅅ

사미원(史彌遠) 15, 18, 116
사중(士中) 21
산음(山陰) 29-31, 97
삼가(三嘉) 15, 17, 18, 21, 33
삼가향교(三嘉鄕校) 35, 38
삼가현(三嘉縣) 41
상(象) 118
상산(商山) 44, 47, 50
상주(尙州) 51
색장(塞墻) 100, 101
서계철(徐繼哲) 46, 48, 65, 69, 82, 92
서예원(徐禮元) 69
석교(石橋) 98, 99
성람(成欖) 24, 26
성산(星山) 32, 34, 43
성여신(成汝信) 24, 26, 56
성장(盛章) 119
성주(星州) 48
성효규(成孝圭) 41, 49
성효규(成效奎) 42
소개(少介) 98
송정(松亭) 45, 57
송태종(宋太宗) 125
수교촌(水橋村) 61, 63
수소(愁所) 97
수우(守愚) 77, 79
순천(順天) 100, 101
신륵사(神勒寺) 66
신촌(新村) 101

ㅇ

안보역(安保驛) 61
안보촌(安甫村) 100
안음(安陰) 41, 42
압구정(狎鷗亭) 69
양재역(良才驛) 94
양재역(陽才驛) 94
양정포(梁丁浦) 100
양초(養初) 24
여뢰(汝賚) 21, 23
여산(礪山) 100
여수(汝修) 57
여주(驪州) 67
여후(呂后) 120, 127
여희필(呂姬弼) 49
여희필(呂熙弼) 49, 50
연산(連山) 100
영창(永昌) 119
영천(榮川) 57, 95
오덕홍(吳德泓) 41, 42, 49
오수(獒樹) 102

오수역(獒樹驛) 101
오여온(吳汝穩) 72, 74, 76
오익승(吳翼承) 28
오장(吳長) 15, 17, 19, 105
옹현(雍縣) 107
왕기(王墍) 119
용궁(龍宮) 57, 60
용담(龍潭) 42
용담(湧潭) 40, 42
용추(龍湫) 61
우희길(禹熙吉) 24, 26
원앙(袁盎) 28, 29, 107-109
원앙지간(袁盎之諫) 30
원좌(元佐) 118, 126
유경갑(劉敬甲) 46, 48, 58
유장(劉長) 107
윤선(尹銑) 75
윤인(尹認) 121, 128
윤인(尹訒) 128
윤현(尹晛) 37
응보(膺甫) 76, 77, 82, 90, 91
의령(宜寧) 15, 17, 21, 37, 39, 93
이각(李瑴) 16, 19, 23, 27, 35, 38, 39, 73, 90
이간(李衎) 33, 35
이경석(李景奭) 97, 98
이대기(李大期) 45, 47, 105
이덕립(李德立) 35, 40
이명룡(李命龍) 43
이명호(李明㦿) 24, 26
이문란(李聞蘭) 32, 33
이문란(李文蘭) 33
이문룡(李文龍) 41, 42
이봉일(李奉一) 41-44, 57, 58, 71, 82, 94
이산(尼山) 98, 99
이시함(李時咸) 41, 42
이시함(李時諴) 42
이언적(李彦迪) 68
이원(而遠) 25
이위경(李緯卿) 90, 92
이위경(李偉卿) 92
이유간(李惟幹) 97, 98
이유간(李惟侃) 98
이유눌(李惟訥) 38
이유열(李惟說) 23, 105
이은(李垠) 17, 20, 21, 24
이응남(李膺南) 73
이의(李㦤) 15, 17, 106, 115-120
이이첨(李爾瞻) 74
이전(李琠) 51, 52
이진(李璡) 50
이찬(李瓚) 94
이회일(李會一) 21, 22, 27
익승(翼承) 45, 46
인월(引月) 104
일초(一初) 58, 71, 73, 76-78, 80, 82, 87

임실(任實) 101

ㅈ

자경(子敬) 71, 72
장덕경(張德卿) 21
장붕한(張弸翰) 57, 82, 94, 95
장수(長水) 103
장익기(張益祺) 23
전유룡(田有龍) 32, 34
전은(全恩) 89
전주(全州) 95, 100
정경운(鄭慶雲) 45, 47
정대호(鄭大護) 67
정릉(鄭稜) 41
정린(鄭繗) 46, 48, 69, 71, 82, 83, 89
정별감댁(鄭別監宅) 62
정보(正甫) 91, 92
정숙(鄭俶) 54, 55
정승훈(鄭承勳) 73, 75
정시남(鄭是南) 35, 39, 45, 58, 71, 82, 87, 90, 101
정온(鄭蘊) 15-17, 25, 41, 62, 78, 80, 88, 95, 105, 106, 108, 110
정유번(鄭維藩) 98, 99
정인홍(鄭仁弘) 79
정조(鄭造) 121, 127
정종무(鄭宗武) 69
정창시(鄭昌詩) 69-71, 74, 76, 78-82, 91, 93, 96
정항(鄭沆) 15, 18, 108, 118
정호관(丁好寬) 121, 128
정호서(丁好恕) 51, 52, 61
제왕(濟王) 115
조계장(曺啓長) 39
조계장(曺繼章) 40
조광벽(趙光璧) 56, 59
조광붕(趙光琊) 56
조극신(趙克新) 57, 60, 67, 82
조석룡(趙石龍) 59
조우신(趙又新) 57, 60
조원좌(趙元佐) 126
조정미(趙廷美) 118, 125
조횡(趙竑) 30, 115, 116
조희인(曺希仁) 54, 55
주문공(朱文公) 83
주의(周顗) 81, 85
주희(朱熹) 86
준회(遵晦) 27, 28
직덕원(稷德院) 98
진덕수(眞德秀) 116, 117, 124
진종(眞宗) 118, 125
진주(晉州) 15, 35
진탁(陳琢) 51

ㅊ

채숙(蔡叔) 120, 127
천안(天安) 97

청리역(靑里驛) 50
청회(靑回) 95, 96
초계(草溪) 48, 49
촉군(蜀郡) 107
최몽룡(崔夢龍) 41
최영경(崔永慶) 79
최한(崔閒) 100, 101
충원현감(忠元縣監) 62
충원(忠元) 63
치거(輜車) 107

ㅌ

태종(太宗) 118
토동(兎洞) 27

ㅍ

판교(板橋) 95
팽두이숙(烹頭耳熟) 90, 92

ㅎ

하경개(河景漑) 32, 34
하성(河惺) 72
하자경(河子敬) 71, 87
하협(河悏) 21, 23
한강(漢江) 83, 94
한기(韓琦) 119, 126
한몽인(韓夢寅) 21, 23, 31
한문제(漢文帝) 28-30, 107, 109
한술(韓述) 53, 54
한찬남(韓纘男) 72, 74
함안(咸安) 32, 34
함양(咸陽) 21, 22, 46, 51, 73, 104
함창(咸昌) 57, 59
합천(陜川) 20, 23-25, 40, 41, 43, 46, 51, 103
허홍재(許洪材) 103
형효갑(邢孝甲) 72-74, 78, 80, 81
화곡원(火谷院) 61
화본(禍本) 115, 116
황정간(黃庭幹) 53
황정간(黃廷幹) 54
회남왕(淮南王) 28, 30, 107, 108
회재(晦齋) 67, 68
휘원(輝遠) 28, 29, 46, 58, 73, 77, 78, 81, 82, 87, 88

영인자료

◎

서행일기西行日記
의신구사직정온소擬伸救司直鄭蘊疏
갑인봉사甲寅封事

《三梧實記》 〈梧齋遺稿〉, 전남대학교 중앙도서관 소장

여기서부터는 影印本을 인쇄한 부분으로 맨 뒷 페이지부터 보십시오.

暴微臣之志而補 衮職之闕。搆思未就。以至今日。
不及捄正之罪。臣實有之。請殺無辜之罪。臣亦難免。
伏願 殿下先正臣之罪。以彰其不忠。臣雖萬殞不
敢怨悔。臣無任激切戰兢之至。謹昧死以 聞。疏入。光海
大激震電。劾責政院。勘罪捧疏承旨。於是三司并論
以削奪。絶島安置。光海猶怨其罰輕。請責三司峻。於
是直請拿鞫。公三月。就獄。六月。光
海親鞫。秋再拷。仍命安置大靜。

獨啓 辛亥右正言時。光海居昌德宮。未幾。惑妖
僧替史說。便欲還貞陵宮。公獨啓爭之。

臣本以無狀。冒忝言地。近日合 啓之辭。非一人之
論也。乃三司之論也。非三司之論也。乃擧朝之論也。
非擧朝之論也。乃一國公共之論也。而自 上一向

同巢集 卷三 二五

噫爲人臣子而是可忍耶臣愚以爲 殿下欲全母
子之恩亟取三人者投諸四裔不與同中國然後讒
說者不得作而三綱五常昭揭於宇宙矣臣本以孤
遠之蹤猥荷 聖明之知旣忝勳盟又厠清班自料
材力無他報效惟將勿欺犯三字爲平生事君之節
竊自附於莫如我敬王之義矣方當大論之發或在
罷散或以疾病一未隨忝於百僚之後日者人言罔
極目以護逆必欲置之死地臣自念職非言責當有
老母與其徒死於讒鋒曷若一言而死於雷霆之下
哉力疾就庭一啓乃退思慄尺疏仰叫 閶闔庶幾

呼。毋子兄弟之間人。豈易言之哉。設有當誅之罪如
管蔡。可廢之惡如呂武。爲言官者。所當先議同僚。次
通他司。上告大臣。下詢諸宰。待其論議歸一。然後詳
於啓劄。乃所以重其事也。頃者。鄭造尹認于好寬等。
首發廢妃殺弟之議。而不議於同僚。不通於他司。不
告於大臣。不詢於諸宰。而猝發於完席之上。遽暴於
避嫌之中。曾不若論一守令劾一庶官之猶或持難。
此其心不難知矣。蓋自近年以來。倖門一開。勳名太
濫。貪功樂禍之徒。接跡而起。至以吾君之至親。爲自
巳富貴之餌。比如逐獸者。擠人獨走。冀得先殺之功

殿下何憚而莫之爲也。抑臣之私憂過慮。又有甚於此者。不得不盡其說焉。善乎宋臣韓琦之言。曰父母慈而子孝。此常事不足道。惟父母不慈而子不失孝。乃爲可稱。大妃雖或不慈於殿下。殿下安得不盡孝於大妃乎。況璣已死矣。復何疑間之有哉。願繼自今。斥絶讒邪之言。杜塞交搆之路。如有奸細之徒。敢以不好語及於大妃。卽付有司。論以重律。殿下亦宜恭爲子職。不廢問安之禮。無怠視膳之誠。務得大妃之歡心。重見母子之如初。則豈不足以掩前失而明新化乎。雖然爲此有道。遠佞人而已。嗚逵義旣致之死。而旋有封爵恤孤之恩。眞宗之於元佐。只誅首謀而起封於久廢之中。此盛德事也。仁人之於弟也。不藏怒焉。不宿怨焉。況 殿下之於璣旣無可藏之怒焉。有可宿之怨乎。其死之寃。路人猶悲。況 聖上哀痛之懷。當復何如。近日玉候之靡寧。臣知其出於哀傷之過也。臣愚以爲宜 命有司追復求昌之號。葬以大君之禮。又下哀痛之 敎使四方臣庶曉然知 殿下至誠友愛之本心。則上可以慰先王在天之靈。下可以鮮萬民視聽之惑。而傳之後世。亦將有辭。今日淸明之朝。必無章壓之繳詔。

言將順其美。三司多官。善為雷同。無一人愛君以德。其視君德之得失。不啻若越瘠之秦視。噫。殿下之勢。可謂孤立而無助矣。尤可痛者。殿下待之以不死。而鄭流待之以死。朝廷論之以其法。而鄭流迫之使死使。 殿下不能如大舜之處象。而未免為漢唐以下人君處置未盡合理之歸焉。噫。殺人者死國法甚嚴殺。凡人無辜且罔赦。況殺吾君同氣之親乎。臣愚以為不斬鄭流恐。 殿下無面目入於 先王廟庭也。嗚呼。既往之咎。雖不可諫。將來之美。猶或可追。生不相容者。勢也。死有贈與者。情也。昔宋太宗之於

抱未嘗有擁立之迹矣蒙無知識亦安有謀逆之心
乎如使德秀之輩立乎本朝則其不肯請殺也明矣
恭惟 殿下深憐童子之無知仰體先王之遺教思
所以保護而全安之者蓋無所不用其極百僚盈庭
三司交章自去年迄今春凡幾何日月而惻念難遏
兪音終閟嗚呼 殿下之於璣豈不知其不相容也
然而留省引日愈久而愈拒者豈不以逆賊之子猶
有待年之事況於幼稚之弟豈合遽施刑章安置江
都待其年滿觀志行之如何而徐爲之處亦非晚也
聖意所在灼然可知而推鞫諸臣經年入侍無一

之功。而身負惡名則有之矣。以今觀之。當皆禍本莫
玆若也。克賊奇貨。亦莫如玆也。彌遠陰謀殺之。可謂
安社之忠。而時人冤其死。後世甚其殺者。何歟。觀夫
眞德秀之言曰。三綱五常者。扶持宇宙之棟幹。奠安
生民之柱石。人而無此。冠裳而禽犢矣。國而無此。中
夏而裔夷矣。其言之痛切如此者。誠以玆之迹。雖或
云云。而其心本無可疑。故原其情而雪其冤。仍請追
封立後。古之君子。不計一時之利害。惟論義理之當
否。惓惓以倫紀之或紊。君德之或愆。告戒而勸導之
者。爲如何哉。今璣。一王子耳。心迹與此懸殊。只出賊

桐溪先生文集卷之三

疏

甲寅封事 以弼善遞付司直時二月二十日

以嗚呼以 殿下仁聖之德。不幸遭人倫之變。欲盡其處之之道。而終不得自由。未免假手欺敗 見於庵悍之武。夫其為聖德之累。不旣大矣乎。今之論議之罪者。一則曰禍本也。二則曰奇貨也。其言固不為無理。而試以濟王竑之事。揆而比之。則亦有說焉。濟王初為皇太子。見嫉於奸臣。退處藩邦。未幾為賊徒所擁。黃袍加身。約誓已成。雖知其事之不濟。旋有討平

갑인봉사
甲寅封事

折廷爭言人所不能言者有幾人耶設有變故其能致命殉國者果誰耶衰季偷風人臣道缺進則唯唯退則否否心口異語情形殊態者比比也若蘊者則其言之所發雖不保其必中於程式而不諱所懷事君勿欺則固有之矣是豈不可以爲明時愛惜者哉伏願殿下容其所難容而恕其所難恕若天地之含容萬物悍疾憤厲上可以培養國脉下可以蘇快人心其事雖大其端在此矣嗚呼君臣大義根於人心之所固有臣等俱隷冠衿之末沐浴二百年之餘澤素分雖賤丹心難誣今日之言實非爲蘊發也伏願殿下有以垂覽焉臣等無任激切懇悃之至

此而短拙朴野無所掩蓋之實終可見矣竊伏念此等語
在敵以下固不容堪忍而殿下之所以處之者初不過拘
係而止焉雖以三司伐律之請日至而猶不從豈聖意言
雖可罪心亦無他故姑爲是容忍徐觀其理而善處也耶
臣等欽仰殿下包容之量固已出尋常萬萬而猶不能無
憾於天地之大者犴獄之囚已從末減數月不決還似遲
疑萬一使言事之臣瘦死獄中或得重譴而罷則天下後
世亦將曰某時某臣言某事得某罪是使袁盎復生於今
日而聖德有愧於文帝豈不太可念也此臣等所以深憂
隱痛不得不仰籲者也嗚呼殿下臨御有年矣度今世面

相御史遂不發封傀侍者皆棄市以列侯葬淮南王封其
四子追謚置園淮南謀反尚且如此則意者蘊之疏其亦
如素棻之遺意推恩於旣死之後起義於處變之地將順
禮葬之盛旨昭揭友愛之至情必欲使聖德無一事之或
缺聖心無一毫之可疑盡情法之施極人倫之至區區寸
誠此外無餘而愚戇之人眩於語面朴直之性失諸引喻
至如篇首所謂假手二字固臣子所不忍聞者然觀其疏
曰聖上之意終始保全而鄭沆乃敢殺之是蘊之本情實
欲爲殿下曝白於萬世也惟其如是故一聞柳濔之言自
知其爲錯便卽更改畧無遲難則可知一篇主意初不在

垠微聞其奇意欲到此與之相議而李進士會一及朴上舍乾甲己作宜寧之行矣余促食而行則五十餘員已會鄕校矣乃於城內僦屋而息權生員克行金秀才應奎同鄕人也自會中來見而咸陽盧佾盧昝兄弟五六人三嘉朴上舍李進士繼至矣士中字克行日若干諸益必主於張德卿家君可偕轡往訪於是同至德卿家則河進士陜韓生員夢賁姜克新等十餘人果在此矣酒三行余謂朴上舍河進士曰陜川通文已到本校云疏事何以爲之惟僉君不可不念其終始朴上舍曰汝賚可謂醇乎醇者矣俄而日昏而罷○十二日朝奴菊生辭歸余謂之曰多士

已會歸語而去可促鞭而來盖從子毅來于金晟家亦以陜
道之來先審其疏會與否故使其奴來朝飯後余入會所則
諸員於客舍前分兩頭座矣以禹進士潝吉咸進士攬爲
疏有司而疏頭則時未定諸員意在辛進士明憙及余或
以爲書可爲疏頭者名受圓點於諸座以點多者爲之或
以爲僉議已定何必圓點成生員汝信曰養初明憙学可矣
養初辭俄而座上招末座者一人使遍告于座中曰丹城
李某生員可爲疏頭矣余離席而起曰以不佞爲疏頭是
固不敢當又鰥居二三年身裝掃如决難爲之莫若受圓
點爲之言之再三座中不應促云疏頭速出就座李垠

於余爲大宗侄歷陳我艱苦不堪之狀座中亦不答余因
辭良久不獲已就座垠復進曰惟叔主艱窘無比決難遠
行姜君克新曰疏頭已就座而而遠垠字亦如是強之乎於
是校有司出陜川通文其畧曰鄭司直事自大臣伸救而
上意稍觧今若陳疏則恐或無益此實爲鄭非爲是退托
也伏願僉尊虛以受之云云諸員覽畢無有論難之者○
十三日擇疏員與製疏員八客舍疏草二件而其一乃從
子穀所製也其一李會一所製也擇疏員取舍之增減之
皆以李會一疏爲主矣或曰遵晦穀字胡不來鷹侑曰吾來
時見人狀貌如遵晦黄從如遵晦者在宨洞亭上矣須臾

三吾實記合編　五

果至乃與成生員八擇疏處叅看潤色之○十四日山陰若干員始持疏草來乃吳翼承長字所著也成生員受而讀之語意通暢句法宏潤引漢文帝處置淮南王事甚詳生員稱歎不已余曰疏辭無出此外擇疏諸員贊其文而嫌其意曰煇遠疏言濟王竑事尚不可況又淮南王事互相是非莫有一定者余心甚非之以爲禪遠之獲罪非出於濟王竑事而出於假手等語況淮南王事引證分明其大段有力者袁盎之諫耳如欲爲煇遠伸救無如此等語須史權士中自擇疏中出曰以山陰疏爲大不可力主者遵晦耳此在疏頭片言可折耳余知穀必以我爲疏頭

辭若涉危激安知其禍之必無也此乃家人情理余親八
擇疏處高聲曰諸醫之不用山陰疏余未可知旣以我爲
疏頭則前頭禍福何暇計哉疏辭雖危激在所不避况山
陰疏無危激者乎袁盎之言文帝之處置正合於今日之
事若以此爲不可則何如可以爲疏座中皆默然余旣出
會中皆以山陰疏爲可用已而擇疏諸員邀成生員以八
余度其余旣高聲言之擇疏員必欲與成生員可否吾言
以取舍其疏故如是邀八耳成生員果出曰今之疏止赦
輝遠而已其餘是非專不關於吾儕然則用極南(會一字)疏
可也余良久曰僉意如是則吾何强之○十五日會員皆

曰天極旱而今始雨率一奴而廢百務疏雖可爲農亦不
可緩也一疏之取舍何難乃爲留滯之至此余曰疏之取
舍在擇疏者處置擇疏員若以山陰疏爲過激則用極甫
疏可也於是以極甫疏爲定寫疏則以韓生貞夢寅爲之
題名則以盧齊爲之而書寫之際觀者四繞以至齊蒸而
汗沾幾不成字雖左右司正亦莫能禁日午太守李聞蘭
請見各於座前設一大笥酒肴并進又於余饍物頗多或
云權正字膺導之也太守旣出田座首有龍自鄕野亦備
酒饌請余先酌余辭以諸長在諸長曰今日之設爲遠行
也疏頭當先余再三固辭田座首已擧酒屬我矣飮半杯

上舍鮮所佩刀以贈曰君可斬小人頭來咸安河君景澈
來乃同鄉人金義士景謹妻兄也素名慷慨與余同避亂
于星山不相面者今幾年矣骯髒氣像小無減於疇昔矣
寫疏將半將為拜疏具或云日已暮不若待朝之為便或
云雖夜明燭為之可也諸員皆以為夜行不為不可各整
衣冠署名則禮服多有闕者持服者先署後八者假着以
次俱署而三嘉李進士衍讀疏矣禮畢相揖而各歸私舍
夜已分矣○十六日飲餞于本校就辭于主倅(倠)權正字
道甫(濡字)及穀共之陪疏宿三嘉鄉校朴昌龍李德立隨行
鄭君是南至自晉州亦以其陪疏也○十七日權進士韜

三吾實記合編 七

來見韜詩人鞸之翁也韗旣寃死韜奉毋在洛賣馬于市
其買去者乃逆人也辭連謫本縣臨年慈毋乃饗于北負
罪孤身跛吧于南南北伊阻戀情何極言出而涕隨淚逆
而咱塞洛人買賣例也千百人市上韜豈知買者之爲懷
逆逆人亦豈知賣者之爲何如人哉况韜不親市而其奴
市之則韜之遠謫或者寃矣以韜而觀之則知其寃者未
知其幾人也○十八日朴娊金子長尹晛來見陰雨○十
九日家伻治人馬行具而來先是余在宜寧邇于座中曰
余以鰥夫凡具未備願奉疏置于三嘉鄉校身歸私第辭
衣治裝以行如何僉曰旣奉疏則疏頭不可須臾離也余

以是留待人馬之來權正字潗及穀來餞終日雨○二十
日痔疾大發艱於坐立而遠行迫在明朝袖手思量不遑
他念而達甫弟亦以雨留持碁以前日可與君着余曰此
爲鄕校在外則可在內則不可座中皆曰雖云鄕校旣無
明倫堂又無東西齋此蓋假借以爲齋則與私舍無異局
戱何妨余不應而卧達甫與穀終日着互勝負矣○二十
一日與鄭君是南忍疾登程本縣人曹啓長朴光榮隨之
先是余在宜寧言于座中曰陪蹤諸貟以治行在私第未
會未會之前蹤頭一人陪蹤而行其亦不可哉以是李德
立朴昌龍隨之至是曹朴兩君亦隨之到陜川仍宿于客

舍本邑士友無一人來見者○二十二日聞金而玉訃音
而玉名聲振高靈人也與余同年生而洛城相隨情義頗
熟者駐蹕湧潭以陪疏未得入臨宿高靈鄉校安陰吳君
德泓成上舍孝圭留待于此陪疏人李奉一三嘉人也亦
留待于此本縣李時咸崔夢龍李文龍來見成上舍執余
之襟出諸大門外無人處曰鄭桂已抵書於京城當路人
曰安陰丹城一二邑士子有功於鄭蘊者爲蘊陳疏其言
一八自外及内無不知之雖呈此疏必以非公論當之况
陜川人無一人參疏非徒無益抑亦有害於獄中人奈何
余良久曰吾知奉疏而來呈疏而去獄人禍福何暇計哉

○二十三日行至星山李進士命龍若干人居接于本校
延謂曰吾州士人四五員頃向會所至高靈聞退定之奇
還止之蓋陜川通文使之致然也然陪疏員則於上舍明
允當行卽適於朴君又語余曰我見疏辭別無過激處但
雖怒其言四字似未穩便易之以雖極赫然何如余曰從
何得見乎李君奉一日進士求見不得已開封示之余甚
不快以爲雖求見之劫陪疏員不有疏頭擅自開封可乎
開寧士子送資木若干匹○二十四日余欲向商山奉一
欲直向開寧余曰陪疏人多留待於金山奈何李君曰直
到開寧使校奴急送金山期會商山可也蓋開寧倅曾爲

三吾實紀合部 乙

三嘉倅李君有意邀拜故也余不欲強辨行及開路有一人負且拜獻書簡一封乃咸陽郡守李大期及郡人鄭慶雲盧脩善書也書意以䟽辭甚草畧不無被笑於洛城人與金山倅議改云而䟽草則咸陽倅增損其前日翼承所著以送之矣於是入金山路歇馬松亭行到金泉前余吟一絶曰丈夫處此世行止任天為李君繼之曰寸心如有定外物何能違使鄭君是南先陪䟽入本郡余與李君見文察訪景虎景虎字君燮陜川人也察訪取䟽草讀之曰䟽辭有順無激但救正二字有未穩當又曰䟽辭如前日通文中語意則大不可也盖通文亦翼承所著而以輝遠

爲忠爲直爽議以輝遠疏中假手等語非臣子告君之辭
不可謂之忠又不可謂之直故察訪有是言耶歛數巡八
本郡鄭縡劉敬甲咸陽徐繼哲留待奐主倅之書以爲左
相之於輝遠義爲師弟恩猶父子伸救必有其漸非直欲
不救也飮罷宿鄕校以疏在故也○二十五日留客舍出
咸陽倅所送疏草潤色之高靈草溪士友送資木若干疋
星州初上舍明允以子病果不來星州士友亦送資木二
疋呂進士憲弼等設酌酒○二十六日大雨吳德泓成孝
圭走伻而來其書曰左相之意在於停疏若强拂其意則
前頭多有不好底事云云然已拜之疏不可以中止餘外

休戚直付之天而已察訪又送酒肴○二十七日諸員每
欲寫咸陽疏以去而難其人主倅薦李進士璡爲可寫璡
商山人與余同榜者也時在座語及之進士辭主倅又設
餞酌呂進士熙鄰亦參宿青里驛○二十八日朝飯于尚
州金生員知復李察訪瑛等十餘人設酌歲餞可以憂邑
金生員請見疏草於極南疏視之不省於咸陽疏讀之深
味曰僉兄果得此疏來耶此必達者之文也於是議改寫
而亦難其人生員曰無已則有陳琢者在雖不能善寫有
愈於無可招來以寫生員爲書以畀朴君永鎭盡朴君以
本州陪疏員在座以治行將歸私第以其行過陳廬故也

未幾陳生果至二疏草旣出座中傳寫者多牧使使下吏
亦傳寫以去時丁舍人好恕自陜川左相家來留此余厭
其傳播之煩欲呵禁之而諸兄不以爲不可故止○二十
九日黃進士庭幹來進士留待疏行以疏行遲滯還其家
至是又來諸員議寫疏以寫疏之地不便於是至客舍以
寫之牧使韓述送寫疏筆墨牧使於昨日已送秋露一盆
鷄五首瓜一盤大口魚五尾至是又設點心焉旣改疏於
此則此處士友之名不可不題以是通于座中座中難之
余曰已拜之疏來此改之者爲與僉兄共之也僉兄同議
改疏而至於題名則莫我肯從是未可知也黃進士曰旣

書疏頭之名而次書生員若干人次書進士若干人後書幼學則在此生進何所題其名乎余曰姑割疏頭之名又以半紙粘連書在此生進而後還書疏頭之名何所不可乃使裁疏人割去余一人之名以他紙粘連待明朝題名矣寫疏畢陳生曰吾已寫疏何避之有乃書其名未幾牧使具冠帶出餞黃進士以下出避之飮畢又多以紙筆墨爲贐黃昏公直(庭幹字)莘又設酌曺君熙仁鄭君儆黎爲○

三十日朝當題名黃進士曰我與金無晦(知復字)爲同任無晦既不在此則不與同任議而書吾名可乎并三言之道上舍光壁曰題名非不可矣而吾與進人同名尚未呈禮

曹改之以本名書之則有如是之不可以改名書之則不
達而私自改之以書於疏亦不可也必欲書吾名僉兄上
洛以吾改名之狀呈禮曹印出後呈疏何如遂許諸而陳
君已還其家諸員以黃進士爲可書於是書幼學十餘
入於衆名之下又紛粘連半紙上書趙進士光璧改名於生
員成汝信之次生員以年高次在疏頭下也又書金生員
克誠於趙之次而黃進士則不書其名矣諸員知不可強
將以封疏黃進士遽曰趙友以所改之名時未上達而猶
且書之不疑我以少嫌而不書可乎於是亦書其名獨余
之名則不書以待咸昌士友題名而後書之矣飮數巡行

先使擔僕為朝飯於中路擔僕遠令直八咸昌日晏忍飢
天又微雨馳過公乾池松亭臨木可合朝飯而以至虛過
僕夫之痛憎何如與諸員歠糜少許至鄉校而朝飯焉同
年趙又新縣人也初欲陪疏而以子疾不果但題名張君
弼翰字君擧榮川人也以陪疏員留待于此矣張君曰自
榮川留待于聞慶自聞慶留待于此十餘日所窘頗多於
是李奉一以龍宮資木三匹給之趙克新字汝修趙進士
之兄也代其弟陪疏趙君以咸昌殘邑獨當資送亦所不
堪又以三匹給之趙進士等設餞酌宿馬乭院將寢鄭是
南語余曰奉一以為疏頭若以疾辭則劉進士敬甲欲

代之云於尊意何如余曰人皆以疏頭爲禍網而避之余獨不避可謂自處之疎也鄭君謂一初(字敬甲)欲不辭云其然豈其然乎余有痔疾久矣在金山時已辭於一初而一初不應自昨日至于今日而亦累及之而一初皆不肯余非不欲辭之固而昔疾今愈其可以無疾爲有疾乎無疾而爲有疾有若畏禍然則不惟違於下道諸員初出之意亦將有愧於心不惟愧於心而已其如他日輝遠面目何且參疏若干人皆是輝遠之切親而又以親屬爲疏頭可乎○六月初一日朝飯于聞慶火谷院余與鄭君惡其院陋在溪邊雨下不止襲衣草坐丁舍人過之使人告陪疏

在此之由丁下馬而去到龍湫美其泉石之絶勝下馬周
覽飮數巡宿安保驛○初二日朝飯于水橋村路逢輜重
者載柳器及什物其一書鄭別監宅四字諸員日聞忠元
縣監今當歸覲此非其卜馱歟其書鄭別監者欲以分諸
親戚也此守令之例也俄而雙盖翩翩乃忠元父子也下
馬叙暄凉畢取䟽草觀之指假手二字發明處曰好哉好
哉縣監姓姜名暹文字君遇陜川人也其子大進以正言
伸救鄭蘊已被門外出送之譴矣其隨縣監行者乃大進
之弟也一行皆欲邀船以行縣監於是區畫其支供及船
具使通于鄕所及下吏相拜別至客舍日巳午矣取行次

燒酒以飮太半爲下人所竊飮矣○初三日乘船于金灘使人取江磧中小石圓而如碁者以爲消日之資至桃源村日已暮矣舟人摘小杏子以進八口有故鄕味因繫船而橅籍焉○初四日下船于睡寺下因上寺周覽一宇新創豐草徬繞古臺荒廢雲樹陰濃層層玉榻文陸離而玉宵寥寥金佛光照耀以倚壁巖石之奇恠基址之幽曠目所罕見心欲留玩而棹夫促行僕夫告晩幾步還舟徐繼哲一人其從我者也噫經亂後勝致有如是淸絶況未經亂者乎四顧人稀一介僧存欲問全盛事行迫無暇欲寫雲水景詩拙難模鬱鬱舟中惟聞急湍之澌瀝釘釘局上

時看小石之交錯自在一葉倏飛過於千峯疑是生羽翰而任所之蕭森萬景爭獻奇於雙眼恍若列明珠而恣意觀也俄而主檣者疾呼有若呼耶者而聲轉急矣引棹如飛急急然經過之惡浪打舟舟行搖蕩如將覆焉盖灘之素險而難濟者也因問曰其聲何對曰此逆波其辭例也一經險濤舟中之人賴以安焉因日暮中流而宿○初五日船過驪州廣州時巡使鄭大護入驪州州士子巾服以進其故事也趙君克新邀相識人須臾而還至一處有閣屹然於峯腰乃書院也本為金慕齋設而晦齋受業於慕齋以師弟則慕齋為主壁以道學則晦齋為主壁議論不

一晬未奉安矣日暮泊舟豆尾浦招集人馬入厩果止於此主檣者辭歸諸員日船雖官給吾輩利涉主檣之功也以一匹木給之○初六日與諸員八寓於江上村舍舍制巧而宏其廳事上可坐三十餘人一行人馬分左右以居恢恢乎有餘地矣其門總戶壁有未及修繕者蓋主人始搆怱焉者也所謂狎鷗亭大君亭皆在眼底矣期以翌日呈疏先送徐繼哲索團領繼哲晉州牧使禮元之子也牧使戰亡繼哲被擄十餘年乃還贅於納穀同知鄭宗武夫婦不相見未知其幾年也其舅居城中故徐君往索之鄭縡亦於獄人有同宗三從之義欲探獄中消息故與徐君

借行諸員戒以㓛勿疏事出口二人曰諸當夕鄭昌詩來俯伏歔泣而言曰為吾父千里勞行情義有不可量者所當感之不泣㬵況敢冐一言以干僉聽乎然事有大不然者吾父之至今獲全何莫非左相之德也然聞陜川士子無一人叅疏者左相必以此疏爲不可也然則此疏之不呈有愈於呈言之重辭之複其利害禍福昭昭然畢陳矣

○初七日終夜大雨鄭是南於河直長子敬有同鄉之義不可不見故與昌詩連轡八城昌詩聯來而宿與一初李奉一鄭緋到夜介密語皆主停疏也座中日生進為疏頭則館人不可不來導於是使一初書牌子於館主人得雲

使之來導館中諸人多以疏爲不可故果不來徐君至曰
團領己索之矣是南繼至聞子敬之言則予敬欲使余避
疏頭云○初八日進士邢孝甲自館中來大言時議之不
一終始所論蓋主於停疏也言及韓纘男吳汝穩事頗詳
且曰聖上每問左相之行止其除拜之際大北人未參望
者則必下教改望矣又曰丹城李生員爲疏頭聞者駭其
爲李殼皆以咸陽所嫉目之咸陽之事幾乎危矣蓋咸陽
新授南下疏會亦在此曉故也余曰然則多士之疏其可
廢乎邢曰吾將見廣昌李爾瞻欲聽其言之如何耳然未知
廣昌得聞疏儒之來否一初日尹叅知因李雋南字會一得

見疏草則廣昌豈有不知之理乎吾儕之來亦必知之矣耶又曰疏頭衣服不可麁率毋若鄭承勳然盖鄭上舍往年為疏頭以取譏笑云耶君出一初謂余曰多士之疏多士之公論吾儕奉疏雖死亡追頭萬無不呈之理余謂耶君之於輝遠其相切非他人比也而其聆論亦如是時事可知然一初今日之言稍有義氣其可與終始者也哉而鄭昌詩又來悤乞○初九日連日大雨鄭昌詩又投簡辭意不過欲停疏而已尹叅知又有投簡先是贊甫以叅知為同鄉長老先往見之因出疏草視之叅知極言不可之意裴掌令大有異翰林汝穩亦與叅知書欲使叅知通于

踈儒以爲停疏參知曰踈頭素強項豈能從我乎此皆齊
甫所傳也余以齊甫爲傳播未遂之踈心甚非之一初曰
丁舍八已來傳播何待齊甫然後知之○初十日一初齊
甫等往見尹參知參知之意以爲必停其踈然後獄人得
以無害一初等又見吳翰林翰林曰江右人於守愚萊菴
伸寃時無一人顧見今於萬輝遠踈何如是同聲也又曰
殺諫臣之非聖明洞照之然而輝遠猶未見原者以遂獄
數三人時未及於親鞫也此人等若得親鞫則輝遠恩宥
無疑何必更呈其踈叜觸天威乎又聞獄人與邢孝甲書
云死生天也若以此速禍則不亦寃乎此皆一初傳之也

余曰然則疏未可呈乎一初曰吾儕之行只是爲輝遠地本欲救之反以禍之則吾儕無面目可顯矣余曰聖上豈以多士之疏加怒於鄭蘊乎人之所以以此疏爲不可倡言排之者必欲恐喝乎我也必欲誑誘乎我也吾輩以是爲惑千里奉疏一朝如遺則萬古士氣從此掃地攬轡故道擧顏何之一初前日之義氣到此銷盡有如內蠹之木不待風搖而遽見摧折可歎俄而鄭昌詩持邢孝甲私簡來蓋邢君與昌詩書悉陳利害使昌詩多般定停然後可以免禍故昌詩來仍宿焉○十一日朝鄭昌詩引一初及余至于無人處以示邢孝甲私簡蓋孝甲就見廣昌則臺

諫己至廣昌家以不育長者伸救鄭蘊庇護遊人三條待其呈疏入啓事相議矣廣昌見邪之來即延之曰今君之來乃鄭蘊不死之秋也耶以昌詩多般乞哀停疏之意為言則廣昌曰其子之開明如是哉其父死不死在於其子之誠不誠如何耳頃者吾將朝矣其子俟於道側吾遽揮之者不欲煩吾救故也吾於輝遠既多周顗之救則其子亦知此否耶又以吳翰林力止之意為言則廣昌曰翰林所見豈浮言者比哉蓋善之也其簡末又曰疏儒若強呈之君可匿疏云耶之簡既如是則昌詩懇乞知有自矣昌詩又曰吳翰林亦言今玆之疏非所以救之乃所以殺之

人子聞此情意當如何疏行未到之前謂吾父應陷不測疏行既到之後謂吾父近嘗見原斯言比比到耳足以慰我罔極之懷愈尊此行於吾父子猶有萬斤之力其所以不呈乃所以深救之也一初等於是乞主停疏之議更難動搖矣昌詩既去余曰輝遠之死生何與於我哉既奉多士公論而來則吾所知者呈疏而已此外更何觀乎一初曰疏頭必欲呈之則吾與李奉一鄭纘哲是輝遠之親屬情義固不可決然其餘若干人必與疏頭議合矣余曰以功親為嫌莫若不來之為便一初等默然余竊料為陪疏九人中一初等三人既不我從之則其餘徐纘哲一從膺

甫指揮者也鄭是南不通時宜初以此疏爲不可者也張
弼翰以喉病時受針於南僉知者也趙克新無志於士子
叢者也惟朴君承鎭可與同之而亦拙於書寫者也疏辭
若有違格處政院使之改寫之則余旣不能成字朴君亦
如是拙書當如此何況多士之疏一二人可以呈乎前日
隣邑若干人之言驗矣鄭繼又以獄人書來示之盖獄人
私與鄭君書也有曰疏則停止可也而強呈之則天也柰
何又曰疏草若廣曷見之則決不可改云云諸員皆曰其
可矜之意溢於言表少知弼善之面目者何忍呈之乎於
是僉意徇同牢不可破余曰然則置疏何地皆曰焚之可

也朱文公遇遯焚藁吾輩盍效此爲朴承鎭曰焚之於闕門外可也如不得焚之闕門外則行到漢江邉揚言嶺南士子奉多士百餘人疏爲人所沮不得上達之由俱巾服焚之似乎可矣余曰文公私疏也草藁也又在家也固無害於自焚今玆之疏非草藁也尊號在焉則其可遽焚之乎又士論也非獨疏者此則亦可私焚之乎咫尺天闕如見吾君豈可與在家者同哉俄而有一人自城中來直入于座中乃主人之壻李酲其名者也揖余等而言曰此乃吾家也神位在此明當奉來于此欲行祭禮耳於是使奴塗總戶矣○十二日以主人之故一初等散八城中余曰

如不可呈浩然登途不俟終日可也何故遲遲遂與鄭是
南暫訪河子敬子敬曰廣昌之於輝遠𥘉亦大矣輝遠之
第廣昌試之輝遠之仕廣昌進之至於被譴而北也解衣
衣之者亦廣昌也然而輝遠以一言不相合多般詆斥則
輝遠之待廣昌不亦薄乎又曰輝遠之疏一入天威赫赫
杖上羣情洶洶杖下謂輝遠苟在朝夕我乃告于輝遠家
使其家奴奉我書倍日而行得達于左相左相曰當此之
時吾不可以遽疏於是修書于廣昌曰前者老物以為討
賊雖不可緩然大君則年纔八歲矣八歲之童子何知此
則雖或全恩可也云鄭蘊必因此言而爲此疏以至於此

若以蘊為護逆則老物當為之首伏願大監未可救此人一分耶救此人一分非大監其誰冝為廣昌將此意私啓于上上批曰減不下安籬然則至今獲全雖曰天恩之罔極亦豈非左相之力耶亦豈非廣昌之力耶云是可恠也

○十三日過見尹叅知鄭緯亦來此矣鄭君曰吾輩旣不呈疏而去則本道士子豈知如是不呈之意乎莫若以不呈之意通于本道士子之爲可食後可於東門樓上會議於是余辭歸叅知以黃筆一柄爲贐鄭是南至自李綍卿家曰李正字大言疏事之不可且以爲主論之人丹城爲多云如是則李㲄必叅之矣李㲄其敢負左相耶負左相

乃所以忘先世也吾對曰李穀氏以因人獘而出文爲不
可至於力止之而猶未也余曰正字之言眞所謂烹頭耳
熟者也與諸員至東門樓上則適會樓中多人余曰人煩
如此盍去諸膺甫曰此其可矣又何故而之他諸員皆以
余言爲可乃還私邸出通文二度其一左也其一右也而
膺甫正甫(是兩字)當書之矣正甫不肯書曰人言使之奉䟽
來此者鄭司直也使之停䟽下去者鄭司直也如不可呈
則直下去可也何必通文況通文措語有未穩當者乎膺
甫遽怒曰何物犬兒做如是無理之說耶於是正甫堅執
不書膺甫幷書其二度其畧曰等陪䟽跋涉行到江干鄭

司直之子昌詩來叩日多士為吾父陳疏情當感泣之不
瞰窮以天威小霽庚有豪省之路今若更觸天威則其所
以救之乃所以禍之也等以為今之來爲鄭而來若不從
其言而強呈之則安知禍之必無也以是趦趄不忍從惟
僉尊恕量焉正甫以為未穩者以其有所以救之乃所以
禍之之等語故也徐繼哲持酒來飲與朴永鎭還寓所○
十四日終夜大雨知疏章決不可呈鬱抑為終夜不寐送
資木於鄭昌詩以助養獄之具而已先是在豆尾浦以宜
寧會所所送木三匹宜寧守所送木三匹白紙二卷及權
喪主濤所送木一匹送之至是又以其資木四匹送之其

餘奉一主之矣至漢江江水漲溢乘船中流則波濤湧起
灑入舟中如雨脚然人無不失色者宿陽才驛○十五日
詣朝張弼翰來曰李正郎瓚吾同鄕人也貽書于我告以
不可呈疏之意云又曰劉進士諸人何不在此行也余曰
進士諸人明以爲期余則以爲業已不呈更何顧望玆故
決然先發矣朝飯于板橋張取榮川路以行余取湖南路
以行歇馬葛川武科朴彦邦全州人也亦隨行宿靑田酒
肆余以疏之不呈終夜不寐盖鄭蘊之疏引君當道納君
無過其心公耳國耳固非區區敢言比危其言而不知其
所以危過其論而不知其所以過在朝廷處置豈可置蘊

於牢獄一以開獻諫之端一以杜來言之路是豈宗社之
福哉余之朝夕慷慨者此而會疏之議起於此時其可以
不從乎以疏頭指爲禍網而謀避者皆是噫扶一身之羸
病趂千里之京城懷尺疏而望九重戒一心而冀回聰者
將有日矣豈意昌詩一言矜惻於同行之耳一遏言論習
和其不可之意卷而歸來懷鬱鬱而寢食不甘者乎噫○
十六日朝飯于介川歇馬于愁所宿天安酒肆郡守李惟
幹曾爲山陰倅於余有舊主之分而其子景顏亦與余同
榜者也來見已而罷去○十七日朝飯于稷德院歇馬于
弓院以雨宿○十八日朝飯于火介歇馬尼山石橋都事

鄭維藩過之○十九日自蓮山馬巔村朝飯于礪山南院歇馬于梁丁浦宿安甫村○二十日朝飯于全州塞墻歇馬于萬麻洞所率乃婢夫智梧其名者順天驛吏崔閒者過之執以視之曰汝非智梧耶汝何逃役至此詐將扶曳困而後已余謂之曰役處何道耶曰獒樹驛矣余曰吾將見察訪言其逃役之由於是崔閒拜辭而去宿任實新村○二十一日大雨鄭是南追及之前水盛漲不得已投宿村舍○二十二日糧絶以些少飯療飢得到川邊則水溢石險勢不可渡先使同孫量其淺深然後次次艱渡同孫乃權正字燦之奴而以路程從我者也到獒樹終日大雨

○二十三日又雨宿檠樹○二十四日察訪許洪材自長水還來而又與權僉知㴒偕來盖陜川人權瀁時為長水縣監與察訪期會云耳終日大雨又因宿○二十五日宿南原○二十六日宿引月盖以泥雨連日不能行也○二十七日到咸陽見郡守于東軒設酌勸留○二十八日朝飯于朴生員文模家日昏還家適時居接于書齋矣

擬仲救司直鄭蘊疏 正言吳長製郡守李大期潤色之

臣惟說等伏以國運不幸兇孽搆逆殿下處人倫之變念闕宗社情懸至親逢難疚懷一年于玆臣等雖以踈遠之分已不得奔走討賊之列而愛君憂國均有此性當不讓

의신구사직정온소
擬伸救司直鄭蘊疏

○二十三日又雨宿葵樹○二十四日察訪許洪材自長水還來而又與權僉知泓借來蓋陝川人權瀁時爲長水縣監與察訪期會云耳終日大雨又因宿○二十五日宿南原○二十六日宿引月益以泥雨連日不能行也○二十七日到咸陽見郡守于東軒設酌勸罷○二十八日朝飯于朴生員文楧家日昏還家適時居接于書齋矣

擬伸救司直鄭蘊疏 正言吳長製郡守李大期潤色之

臣惟說等伏以國運不幸兇孽搆逆殿下處人倫之變念闕宗社情懸至親遂難療懷一年于兹臣等雖以賤遠之分已不得奔走討賊之列而愛君憂國均有此性當不諱

之時遭可言之事又豈含默而不爲之陳達以負我聖上
天地生成之厚恩哉臣等伏聞頃者前司直臣鄭蘊上章
言事冒觸天威方在牢囚蘊之措辭謬妄語意顚倒按法
定罪萬罪猶輕第伏念自古上必有仁聖之君包含容受
然後下得以盡其所言蘊之所以披肝瀝血敢自唐突於
雷霆之下者亦惟恃殿下如天之大如日之明擬以聾瞽
之見仰補涓埃之末譬如慈母愛父之前極口盡訴任意
所到而自不知其言之過於激自不覺其身之陷於罪也
蘊之情迹不過如此而已蘊設若不測不道有意於護逆
果如論者之言則在纖未死之前可也氣勢容有所依附

矣儻倖容有所希望矣今則瓛已死矣有必至之禍無可倚之勢蘊何苦而敢更扶護枯骨以自甘於糜粉之地哉雖至愚者必不爲是也蘊之不爲護逆也亦明矣夫天下之變故無窮而所處之義理亦與之無窮以是義處是變要在合於天理之正以得乎人心之所安而已昔淮南王之廢處蜀郡也載以輜車令縣傳次袁盎以逢霧露道死陛下有殺弟之名諫之矣淮南王果不食而死縣傳者不敢發車封至雍雍令發之以死聞文帝悲哭謂袁盎曰吾不從公言卒亡淮南王盎曰陛下遷淮南王欲以苦其志使改過有司宿衛不謹故病死於是文帝用其言即命丞

疏可乎從子瑴曰因人薦而出文無乃不可乎莫若後會出文之爲愈也皆曰蘊遠獄久矣若後會而出文出文而又後會日月不其多乎余亦心然之以爲如欲救蘊當如救焚拯溺何待後會況事之可爲者烏可因人薦而廢乎然後議定其通文則吳正言所製而會處則定于宜寧余於是日登途至都田大雨八 李垠家垠亦欲與余連轡以大雨未果約以更面于會所行過法坪法坪乃亡兄墳所也思昔友愛之情寧無余懷之興喟乎宿三嘉金晟家晟於我爲表姪矣○十一日朝朴規來見曰陜人通文于會所意在停疏也余愕然久之曰是誰使之余於昨日因寺

於叩盆奠儀雖具於鰥家聊將菲薄以表微忱

雜著

西行日記

甲寅五月十日以伸救鄭蘊疏會事往宜寧先是大君議謫在江華新府使鄭沆到任未幾輒以死聞蘊疑沆如史彌遠之用詐上疏極言上大怒繫蘊于獄朝野咸爲蘊危之三嘉士林邀晋人會議欲陳疏晋人無應者及權正字濤葬親日吳正言長朴郡守明榑朴生員文楧姜生員克新等皆來會曰鄭蘊言事得罪吾儕不可不陳疏伸救今者會客六七十人因此出文通告于列邑士子會一處陳

서행일기
西行日記

영인자료

◎

서행일기西行日記
의신구사직정온소擬伸救司直鄭蘊疏
갑인봉사甲寅封事

《三梧實記》〈梧齋遺稿〉, 전남대학교 중앙도서관 소장

여기서부터 영인본을 인쇄한 부분입니다. 이 부분부터 보시기 바랍니다.

역주자 신해진(申海鎭)

경북 의성 출생
고려대학교 국어국문학과 및 동대학원 석·박사과정 졸업(문학박사)
전남대학교 제23회 용봉학술상(2019) ; 제25회·제26회 용봉학술특별상(2021·2022)
제6회 대한민국 선비대상(영주시, 2024)
현재 전남대학교 인문대학 국어국문학과 교수

저역서 『청천당 심수경 견한잡록』(2024), 『기재 박동량 임진일록』(2024)
『남천 권두문 호구일록』(2023), 『말의 기억』(공저, 2023)
『구포 나만갑 병자록』(2023), 『팔록 구사맹 난후조망록』(2023)
『이탁영 정만록의 임진변생후일록』(2023), 『용주 조경 호란일기』(2023)
『암곡 도세순 용사일기』(2023), 『설하거사 남기제 병자사략』(2023)
『사류재 이정암 서정일록』(2023), 『농포 정문부 진사장계』(2022)
『약포 정탁 피난행록(상·하)』(2022), 『중호 윤탁연 북관일기(상·하)』(2022)
『취사 이여빈 용사록』(2022), 『양건당 황대중 임진창의격왜일기』(2022)
『농아당 박홍장 병신동사록』(2022), 『청허재 손엽 용사일기』(2022)
『추포 황신 일본왕환일기』(2022), 『청강 조수성 병자거의일기』(2021)
『만휴 황귀성 난중기사』(2021), 『월파 류팽로 임진창의일기』(2021)
『검간 임진일기』(2021), 『검간 임진일기 자료집성』(2021)
『가휴 진사일기』(2021), 『성재 용사실기』(2021), 『지헌 임진일록』(2021)
『양대박 창의 종군일기』(2021), 『선양정 진사일기』(2020)
『북천일록』(2020), 『괘일록』(2020), 『토역일기』(2020)
『후금 요양성 정탐서』(2020), 『북행일기』(2020), 『심행일기』(2020)
『요해단충록 (1)~(8)』(2019, 2020), 『무요부초건주이추왕고소략』(2018)
『건주기정도기』(2017)
이외 다수의 저역서와 논문

오재 이유열 서행일기

梧齋 李惟說 西行日記

2024년 5월 22일 초판 1쇄 펴냄

원저자 이유열
역주자 신해진
펴낸이 김흥국
펴낸곳 도서출판 보고사

책임편집 이경민
표지디자인 김규범

등록 1990년 12월 13일 제6-0429호
주소 경기도 파주시 회동길 337-15 보고사
전화 031-955-9797(대표)
팩스 02-922-6990
메일 bogosabooks@naver.com
http://www.bogosabooks.co.kr

ISBN 979-11-6587-735-4 93910

정가 14,000원